上市公司财报分析实战

李秀玉 阮希阳 李国强 编著

清华大学出版社
北京

内 容 简 介

本书全面阐述了财务报告的架构、内容、分析模式，以及上市公司在财务报告中披露的业务范围、经营导向、业绩趋势等，详细介绍了如何通过财务报告甄别企业的基本面，从而帮助广大的投资者和财务入门者充分了解被投资企业的经营情况和财务状况。本书分析了大量上市公司的真实案例，引导读者通过阅读财务报告来排除质地不佳的企业，选择成长性、盈利能力向好的企业。

本书实用性强，既是散户投资者分析基本面的财报拆解宝典，又是财务人员的财务报表分析案例集，亦是企业高管了解上市公司财务运作的实用手册。

本书封面贴有清华大学出版社防伪标签，无标签者不得销售。

版权所有，侵权必究。举报：010-62782989，beiqinquan@tup.tsinghua.edu.cn。

图书在版编目(CIP)数据

上市公司财报分析实战/李秀玉，阮希阳，李国强编著. —北京：清华大学出版社，2019（2023.7 重印）

ISBN 978-7-302-50561-7

Ⅰ.①上… Ⅱ.①李… ②阮… ③李… Ⅲ.①上市公司－会计报表－会计分析 Ⅳ.① F276.6

中国版本图书馆 CIP 数据核字(2018)第 145338 号

责任编辑：李跃娜　张立红
封面设计：梁　洁
版式设计：方加青
责任校对：王　玲
责任印制：杨　艳

出版发行：清华大学出版社
网　　址：http://www.tup.com.cn，http://www.wqbook.com
地　　址：北京清华大学学研大厦 A 座　　邮　编：100084
社 总 机：010-83470000　　邮　购：010-62786544
投稿与读者服务：010-62776969，c-service@tup.tsinghua.edu.cn
质 量 反 馈：010-62772015，zhiliang@tup.tsinghua.edu.cn

印 装 者：三河市龙大印装有限公司
经　　销：全国新华书店
开　　本：170mm×240mm　　印　张：15.25　　字　数：240 千字
版　　次：2019 年 2 月第 1 版　　印　次：2023 年 7 月第 12 次印刷
定　　价：69.00 元

产品编号：080052-01

前言

在"博弈"中胜出的筹码技术

每到年初三四月份,各上市公司都会根据监管层的要求公布上年的年报。一份年报洋洋洒洒一二百页,从企业的营业范围到行业形势,从十大股东明细到高管名单,从客户清单到关联方,从营收构成到非经常性损益……年报的内容丰富多彩,就像一本故事书。

通常机构投资者会在第一时间对年报进行分析,更有消息灵通的分析师会在年报发布之前获取相关信息,提前做出自己的判断。除此之外,还有两类群体对年报充满了兴趣:一类是不甘亏损的散户投资者,一类是财务爱好者。

本书就是写给这两类读者的。作者是一个三人的小团队:一位是知名财经大学的博士、硕导、注册会计师,一位是做过上市公司十年财务报告的"大表哥",一位是在股市持续盈利的投资者。他们三人从不同的视角拆解财务报告,把多年的经验整合在一起编写成这本书。本书深入浅出,让零基础的读者能够轻松读懂上市公司年报。

本书全面地介绍了上市公司的财务报告,以资产负债表、利润表、现金流量表和所有者权益变动表四张核心报表为基础,结合实例拆解上市公司的实际经营情况和业绩情况,力求让读者学完本书之后,就具有分析上市公司财务报告的能力。

本书的特点

1. 内容丰富,案例翔实

全书共分十一章,采用传统的财务报表顺序进行讲述,内容涉及上市公司财务报告的各个方面,共分析了数十家上市公司多年的财务报告,逐一拆解,从公司的财报数据、经营特点、营收构成、盈余管理等方面进行了多维度的对比分析。

2. 深入浅出，循序渐进

除资产负债表平衡一节外，全书没有出现一笔会计分录，这大大方便了非财经专业的读者。对于很难理解的财务术语，本书均通过通俗的语言进行了讲解，并辅以上市公司的实际案例进行说明。在满足读者了解基本概念的同时，本书也提出了更为专业的分析方法，来帮助读者提升分析水平。

3. 格式统一，讲解规范

本书中的每个财务报表项目都以实例讲解，分别从该项目的概念、报表编制以及可能对股价的影响三个方面进行分析。

4. 对比讲解，便于理解

由于财务报表项目众多，很多读者无所适从，无从下手。对于复杂的报表项目，本书用对比讲解的方式来帮助读者解决这个问题。通过多个上市公司案例的综合对比，读者可以有更深入的理解。

5. 案例精讲，深入剖析

作者团队根据多年的工作经验，从编制报表、审查报表和利用报表分析股价等方面全方位剖析。与其他同类书相比，本书虽然浅显易懂，但是从深层次分析了案例背后的动机和原因，让读者有整体的把握。然后通过对知识点的详细讲解，读者可以真正掌握财务报告的精髓。

本书的内容安排

第 1 章　初识财报

本章讲述了对财务报告的基本认识、财务报告的构成等基础知识。

第 2 章　资产负债表部分

本章讲述了财务报告中资产负债表的内容，包括货币资金、三项债权、固定资产等。

第 3 章　利润表部分

本章讲述了财务报告中利润表的内容，包括营业收入、营业成本、销售费用和管理费用等。

第 4 章　现金流量表部分

本章讲述了财务报告中现金流量表的内容，包括经营活动产生的现金流量、投资活动产生的现金流量、筹资活动产生的现金流量等。

第 5 章 所有者权益变动表部分

本章讲述了财务报告中所有者权益变动表的内容。

第 6 章 附注里的干货

财务报告的附注中往往隐藏着很多主要指标里看不到的真相，本章教会读者从附注里发掘企业的投资价值。

第 7 章 从财报读懂经营

本章讲述财务报告里潜伏的营业范围、行业趋势、经营方向、行业地位等内容。

第 8 章 报表人员财技秀

本书作者以十年的做上市公司报表的经验现身说法，讲述报表人员是如何"修饰"财报的，以及修饰财报背后的目的。

第 9 章 财报的综合分析

本章讲述四种财务分析方法：同行业对比法、传统财务分析法、杜邦分析法和 EVA 分析法。

第 10 章 特殊行业的特殊分析

本章分别对房地产、生物医药及高科技企业的财务报告进行单独分析。

附录

本章教会读者如何用十分钟快速看完一份一二百页的财务报告。

适合阅读本书的读者

本书内容由浅入深，由理论到实践，尤其适合零基础读者逐步学习和完善自己的知识结构，适合如下人员学习使用。

☐ 希望了解财务报告的新手
☐ 股市散户投资者
☐ 财务入门者
☐ 从事上市公司财务报表工作的人员
☐ 大中专院校的学生

感谢山东省社科基金项目（16CKJJ05）和山东省高校人文社科项目（J16YF18）的支持。

目录

第1章 初识财报

1.1 对财报的认识 / 2

1.2 财报的框架和结构 / 3

1.3 中报和年报的异同 / 6
1.3.1 年报需要进行更多的数据调整 / 7
1.3.2 年报内容比中报更加翔实 / 8
1.3.3 年报是经过审计的财报 / 8

1.4 合并报表和母公司报表 / 9

第2章 资产负债表部分

2.1 货币资金——现金为王 / 12
2.1.1 不差钱的绩优股们 / 13
2.1.2 如何筛选缺钱的公司 / 14
2.1.3 警惕附录里的特殊项 / 15
2.1.4 如何通过货币资金排雷 / 15

2.2 三项债权里的坏账准备——财务人员的良心账 / 16
2.2.1 前后矛盾的坏账准备 / 18
2.2.2 收购来的债权就不用计提坏账准备了吗 / 19

2.3 藏在存货里的利润 / 20
    2.3.1 存货这把双刃剑 / 22
    2.3.2 库存周转天数远超行业平均值 / 29

2.4 固定资产折旧年限的奥秘 / 30
    2.4.1 重资产企业的利润修饰 / 31
    2.4.2 还有这种操作——调低折旧年限 / 32
    2.4.3 综合折旧率 / 34
    2.4.4 监管层的责任 / 35

2.5 在建工程里的是与非 / 35
    2.5.1 在转资时间上玩点花样 / 36
    2.5.2 从电脑业务到房地产业务的中国长城 / 38
    2.5.3 一半资产都是在建工程 / 38

2.6 长期股权投资——企业经营的方向盘 / 39
    2.6.1 长期股权投资体现了企业的投资导向 / 40
    2.6.2 长期股权投资的成本法和权益法 / 41
    2.6.3 如何利用长期股权投资调节利润 / 42
    2.6.4 长期股权投资的特例：债转股 / 42

2.7 看不见的生产力——无形资产 / 44
    2.7.1 A股上市公司无形资产的总量和比例 / 45
    2.7.2 无形资产的含金量 / 45
    2.7.3 无形资产对科技公司的重要性 / 46
    2.7.4 投资者的选择 / 48

2.8 商誉：初看很美 / 48
    2.8.1 美的集团巨额商誉的产生 / 49
    2.8.2 渐入瓶颈的营收 / 50
    2.8.3 美的不惜代价要买的库卡是一家什么公司 / 51
    2.8.4 对短期业绩的预期影响 / 52

2.9 借款迷雾——短期借款和长期借款的区别 / 53
- 2.9.1 短期借款和长期借款的优劣 / 54
- 2.9.2 乐视网的借款构成 / 55

2.10 三项债务 / 57
- 2.10.1 越不变越安全：应付账款 / 57
- 2.10.2 最幸福的负债：预收账款 / 58
- 2.10.3 最不清不白的负债：其他应付款 / 59

2.11 什么是所有者权益 / 62

2.12 为什么资产负债表一定是平衡的 / 65
- 2.12.1 企业购置固定资产业务 / 66
- 2.12.2 企业的销售业务 / 67
- 2.12.3 企业的日常费用报销 / 67

第3章 利润表部分

3.1 企业的核心——营业收入 / 70
- 3.1.1 建设施工行业的收入虚增 / 71
- 3.1.2 资金"体外循环"伪造收入 / 72
- 3.1.3 外贸纺织企业是如何骗取出口退税的 / 73

3.2 核心的代价——营业成本 / 75
- 3.2.1 国电电力的销售毛利率和净利率 / 76
- 3.2.2 国电电力的成本构成 / 78
- 3.2.3 供给侧改革和混合所有制改革对国电电力的影响 / 80

3.3 透过管理费用和销售费用看企业管理能力和营销能力 / 80
- 3.3.1 销售费用和管理费用的指标应用 / 81
- 3.3.2 来自销售费用和管理费用的警告 / 83
- 3.3.3 研发费用是把双刃剑 / 84

3.4 重资产、轻资产的差异——折旧费与无形资产摊销 / 85
    3.4.1 折旧费的占比 / 86
    3.4.2 折旧新政与新政受益者 / 86
    3.4.3 轻装上阵 / 88

3.5 从资产减值损失说起 / 88
    3.5.1 不善用资产减值损失科目的会计不是好会计 / 89
    3.5.2 期权激励是怎么回事 / 90
    3.5.3 绵石投资的投资收益 / 92

3.6 融资的成本——财务费用 / 93
    3.6.1 融资成本过高的企业——财务费用超过净利润 / 93
    3.6.2 财务费用为负数的企业 / 94

3.7 那些"不务正业"的公司们 / 96
    3.7.1 盘根错节——谋取投资收益 / 97
    3.7.2 雾里看花——靠政府补贴装饰财报 / 98
    3.7.3 资本盛宴背后——非经常性损益 / 100

3.8 税金及附加 / 107
    3.8.1 什么是税金及附加 / 107
    3.8.2 营改增对上市公司的利弊 / 109

3.9 缴完税还有税——所得税 / 110
    3.9.1 企业所得税的计算依据 / 111
    3.9.2 把利润藏在所得税里——递延所得税调整 / 111

3.10 营业利润、利润总额、净利润和扣非净利润 / 113

第 4 章 现金流量表部分

4.1 生意的好坏——经营活动产生的现金流量 / 118
- 4.1.1 经营活动产生的现金流入 / 119
- 4.1.2 经营活动产生的现金流出 / 120
- 4.1.3 经营活动产生的现金流量净额 / 121

4.2 资产的多寡——投资活动产生的现金流量 / 121
- 4.2.1 投资活动现金流入 / 121
- 4.2.2 投资活动现金流出 / 122
- 4.2.3 投资活动产生的现金流量净额 / 123

4.3 借钱的能力——筹资活动产生的现金流量 / 123
- 4.3.1 筹资活动产生的现金流量——上市公司的融资方式 / 123
- 4.3.2 现金流量表实例：青岛海尔 / 124

4.4 为什么现金流比利润还要重要 / 127
- 4.4.1 盈利能力不断下降 / 128
- 4.4.2 处置子公司实现高额投资收益 / 129
- 4.4.3 占用供应商货款带来的现金流 / 130
- 4.4.4 传统零售行业的"新零售"之路 / 130

4.5 现金流相对于净利润的重要性 / 131

第 5 章 所有者权益变动表部分

5.1 所有者权益的分类 / 134

5.2 所有者权益变动表中的变动部分 / 135

第 6 章 附注里的干货

6.1 如何看附注 / 138
6.1.1 附注的结构 / 138
6.1.2 附注的重点关注对象 / 140

6.2 通过大客户清单看穿坏账准备 / 141
6.2.1 疑似关联方的大量坏账——泰山石油 / 141
6.2.2 突然增加巨额坏账准备的陆家嘴 / 143
6.2.3 警惕大量转回坏账准备的现象 / 144

6.3 剪不断理还乱的关联交易 / 145
6.3.1 通过关联交易操纵利润 / 146
6.3.2 资产重组剥离上市公司负担 / 146
6.3.3 采用资产租赁和委托经营业务输送利益 / 147
6.3.4 关联方资金占用 / 147

6.4 金融资产——有闲钱买理财的都是好公司 / 148
6.4.1 雪中送炭——弥补亏损 / 150
6.4.2 改善结构——锦上添花 / 151
6.4.3 从股民到股东 / 151
6.4.4 打肿脸充胖子 / 152

6.5 供应商、客户清单里的关联方 / 153
6.5.1 隐瞒关联供应商 / 154
6.5.2 隐瞒关联客户 / 154

6.6 错综复杂的子公司列表——雪莱特的兼并之路 / 155
6.6.1 雪莱特的经营范围和市场地位 / 156
6.6.2 最近五年的营收和利润水平 / 156
6.6.3 不断下滑的毛利水平和不靠谱的兼并 / 157
6.6.4 控股和联营公司列表不断延伸 / 159

第7章 从财报读懂经营

7.1 从公司简介里了解营业范围和行业趋势 / 162
- 7.1.1 让人无所适从的公司名 / 162
- 7.1.2 那些名不副实的上市公司 / 163

7.2 从高管名单里读出企业的经营方向 / 165

7.3 从股东构成里读到上市公司的行业地位 / 166
- 7.3.1 十大股东明细里的行业大佬们 / 167
- 7.3.2 谁在不断地悄悄减持 / 168

7.4 从资产负债表项目里读透经营导向 / 169
- 7.4.1 轻资产企业与重资产企业 / 169
- 7.4.2 专业化经营企业与多元化经营企业 / 170
- 7.4.3 低杠杆企业与高杠杆企业 / 171
- 7.4.4 行业相对强势企业和行业相对弱势企业 / 172

第8章 报表人员财技秀

8.1 不妨恶意揣度粉饰财报的动机 / 174

8.2 事务所审计过的报表就是真实的吗 / 176
- 8.2.1 美妙的入账规则 / 176
- 8.2.2 审计事务所的斗智斗勇 / 178

8.3 所得税费用是负数 / 178
- 8.3.1 通过收购实现业务多元化 / 179
- 8.3.2 扩充品类,加大媒体宣传并定制周边食品 / 180
- 8.3.3 疑点重重的电商渠道进展 / 180
- 8.3.4 错综复杂的财技——通过递延所得税资产逆转亏损 / 181

8.4 一定要留意交易所的问询函 / 183

8.4.1 扣非利润与非经常性损益 / 183

8.4.2 研发投入资本化 / 184

8.4.3 递延所得税资产 / 184

8.4.4 企业并购相关问题 / 185

8.4.5 关联交易 / 186

第 9 章 财报的综合分析

9.1 同行业对比法 / 188

9.1.1 与行业龙头相比 / 188

9.1.2 营收增长是否符合行业主流 / 189

9.1.3 净利润保持稳定 / 191

9.1.4 充裕的现金流 / 192

9.1.5 需要警惕的指标 / 193

9.2 传统财务分析法 / 195

9.2.1 基本指标 / 195

9.2.2 财务指标 / 196

9.3 杜邦分析法 / 198

9.3.1 销售净利率 / 199

9.3.2 资产周转率 / 199

9.3.3 权益乘数 / 199

9.3.4 杜邦分析法的优劣 / 200

9.4 EVA 分析法 / 201

9.4.1 EVA（经济增加值）的定义及计算公式 / 202

9.4.2 EVA（经济增加值）的意义 / 203

9.4.3 EVA 指标的具体应用 / 204

第10章 特殊行业的特殊分析

10.1 房地产行业的资产负债率 / 206
  10.1.1 融创中国的资产负债率和净负债率 / 207
  10.1.2 房地产企业负债的构成 / 208
  10.1.3 去库存、降杠杆对房地产企业的影响 / 209
  10.1.4 其他高资产负债率的行业 / 210

10.2 生物医药企业的毛利率 / 210
  10.2.1 超高毛利的生物医药行业——令人咂舌的我武生物 / 211
  10.2.2 生物制药企业的无底洞——研发费用和销售费用 / 212

10.3 高科技企业的研发费 / 213
  10.3.1 持续高投入进行研发的恒生电子 / 214
  10.3.2 研发费用资本化的利弊 / 215

附录

十分钟看年报 220
  1. 重要提示和简介（二分钟） / 220
  2. 主要经营情况（三分钟） / 222
  3. 财务报告（五分钟） / 226

第 1 章

初识财报

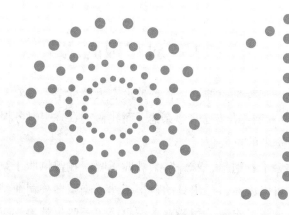

许多大师级的投资者都会强调要看公司财务报告（以下简称财报），但是只看财报本身，并不能直接指导投资，因为资本炒作的内在逻辑比较复杂，企业短期内业绩并不一定与股价直接匹配。财报最大的价值是用来排雷，一个企业经营的情况、偿债能力与盈利能力、业务概况、所在行业的趋势、股东的构成、经营导向等信息，都"潜伏"在财报里。

1.1　对财报的认识

如果说巴菲特是股神第二，恐怕没有人敢称第一。对于财报，巴菲特说过："别人喜欢看《花花公子》杂志，而我喜欢看公司财务报告。"由此可见，财报对于投资者的重要程度。

但是学会了看财报，就一定会炒股了吗？我曾供职于某上市公司，做了十年财报，可以说对自己出具的财报了然于胸，在公司业绩狂飙的上升期，我信心百倍地买了自家公司股票，结果第二天股价就一泻千里，然后被深深地套牢，当时正是大盘（上证综合指数）6000点的时候。从我投资失败的例子看，懂财报不一定能用来指导炒股。

那么，既然不能直接用来炒股，财报的价值是什么呢？财报可以帮你排雷，却无法告诉你股价。市场上有3000多家可以投资的企业，为什么要投资风险大的那家？了解了其中的缘由，才是看懂了财报。

随着监管层对股市的规范管理，一直以来饱受诟病的A股市场渐渐从"投机"变成了"价值投资"（当然这种高压式的转变并没有受到广泛好评）。于是，"基本面"成了一家上市公司值不值得投资者"炒"的必要因素之一。财报里藏有"地雷"甚至财务数据经过篡改的公司，逐渐被投资者抛弃。机构投资者依靠专业的分析团队找出蛛丝马迹，为了资金安全，会尽量避开这类公司，从而影响这类公司的股价；而财报业绩好、经营局势明朗的公司，再加上点消息和概念，投资者就有可能去追捧。

所以，财报不能反映股价，但股价的变动却能反映财报的情况。作为投资者尤其是散户，通过分析财报来排雷是必不可少的功课之一。

或许会有人说，上市公司那么多，有些公司的报表错综复杂，怎么看得过来呢？其实这个问题，学一点财报知识你就有了答案——财务报表其实并不难理解，只需要有小学算术水平就可以看懂。学会看财报后，我们按图索骥去关注业务简单稳定、有持续竞争优势并且盈利持续稳定的公司。

如果某家公司的财报真的有非常复杂和难以理解的内容，那就不要关注这家公司了。我们不要挑战自己，就连巴菲特也有类似观点：放弃那些盈利很不稳定、很难预测的公司。

因此，我对财报的认识就是：通过分析财报能够帮助你寻找龙头，而不是"水龙头"。

1.2 财报的框架和结构

我们拿到的上市公司的财报，通常是PDF格式的（如果你有渠道拿到盖着红戳的纸质版，那你一定就职于某会计师事务所了；普通投资者获取财报的渠道通常是各大财经网站或者该上市公司的官方网站）。

通常财报从第一页开始到最后，一共分十三部分（以2016年年报为例）。除了目录中的十二节外，最重要的是目录之前的"重要提示"。

大部分上市公司的年报里，这一部分通常是平淡无味的，绝大多数都会有这么一句话：会计师事务所（特殊普通合伙）为本公司出具了标准无保留意见的审计报告。但是，这里一旦出现了引起我们注意的表述，那我们就要睁大双眼了。

比如，中安消2016年财报的重要提示里有这么一句：

德勤华永会计师事务所（特殊普通合伙）为本公司出具了带强调事项段或其他事项段的无保留意见的审计报告，本公司董事会、监事会对相关事项已有详细说明，请投资者注意阅读。

这句话有点拗口，但是说明了这家公司的财务报告是不能完全被事务所认可的。如果你想买这家公司的股票，看到这种提示，还是仔细斟酌一下吧。

在重要提示之下，便是整份年报的目录，以2016年证监会的披露要求为例，共计十二节。

目录

第一节　释义

第二节　公司简介和主要财务指标

第三节　公司业务概要

第四节　经营情况讨论与分析

第五节　重要事项

第六节　普通股股份变动及股东情况

第七节　优先股相关情况

第八节　董事、监事、高级管理人员和员工情况

第九节　公司治理

第十节　公司债券相关情况

第十一节　财务报告

第十二节　备查文件目录

我们逐个过一遍这十二节的要点，掌握了前后顺序以及各节的重点内容后，就可以快速浏览年报了。

第一节，释义。

本节主要用来表述年报中提到的一些公司、机构、行业专有名词的简称和详细说明。

第二节，公司简介和主要财务指标。

本节用来罗列该上市公司的介绍、注册地、法人代表等基础信息。另外，放在本节的主要财务数据十分关键，需要极快速了解财务信息的投资者，可

以只看这一部分数据。

看完营业收入、净利润以及和上年同期数的对比,再确认一下非经常性损益项目与净利润的比例,基本就可以确定该公司的基本面是否乐观了。

第三节,公司业务概要。

我们看到一些上市公司的简称后,经常一脸茫然,因为对它的业务范围云里雾里,搞不清楚它的主营业务。比如"莲花健康",初看像是一家做健康设备的公司,但在年报的公司业务简介部分,业务描述是这样的:本公司主要业务为生产销售味精、鸡精、面粉、谷朊粉等,属于食品制造业。

这不是味精厂吗?莲花味精多有名啊,干嘛非要叫"莲花健康"?

第四节,经营情况讨论与分析。

本节主要是用来区分"碰瓷"各种概念的公司,比如前一段流行的稀土概念,各股票软件都把鸿业兴达列了进去。但是详细看这家公司的年报,我们会在经营情况讨论与分析这部分发现,这是一家主营PVC管的企业,稀土业务只占其营业收入的2%,市场上稀土价格的变动对它实际经营的影响是微乎其微的。

第五节,重要事项。

正如这一节的题目,整份年报中最重要的事项都会罗列在此。其中包括重大的资产重组、并购、投资,利润分配,股本变动以及事务所出具的保留意见,等等。

重要事项内容越多,越需要我们打起精神来看。

第六节,普通股股份变动及股东情况。

分析财报是投资者了解股份和股东变化情况的唯一途径,而这些内容均体现在本节。

第七节,优先股相关情况。

本节用来表述优先股的相关内容。

第八节,董事、监事、高级管理人员和员工情况。

分析高管们的持股变动情况及报酬情况有什么意义呢?对于一些依赖于技术的企业,高管们的工作履历和背景是非常值得参考的资料。某上市房企,高管是清一色的做粮油和党政出身的,这样的企业在房地产市场不断折戟几乎是必然的。而某制造企业,高管中有相当比例的人员都是相关专业的硕士、博士、研究生，那么这家企业卧薪尝胆最终研发出高技术壁垒的产品也是在情理之中的。

第九节，公司治理。

公司治理包括公司的组织机构，是否建立健全的内部管理和控制制度体系，是否提升公司经营管理水平和风险防范能力。

第十节，公司债券相关情况。

如今上市公司通过债券融资的越来越多，本节用来披露相关信息。

第十一节，财务报告。

一份财报的核心部分就在于此，资产负债表、利润表和现金流量表是整套年报的核心，企业一年的经营情况均体现在财务报告中。

第十二节，备查文件目录。

在了解了财报的框架结构后，下一步我们会带领大家一步一个脚印地深入财报，从财报中读出有价值的东西，对大家投资提供必要的决策支持。

1.3　中报和年报的异同

如果问我从事财务报表工作十年，体会最深的是什么？我想，莫过于出具公司上市第一年的年报了。当时总公司财务部包了一个快捷酒店的会议室，财务部人员和十几个分公司的报表人员通宵达旦地在酒店加班一个礼拜。做完报表从酒店出来的时候，我已经不知道那天是几月几日、周几了。

脱离财务岗位许多年后，我把这件事向朋友说起的时候，朋友一脸疑惑地问我，财务需要加班吗？

很多人想象中的财务人员，都是坐在宽敞的办公室里，沏一壶茶，看看报纸，聊聊天，偶尔有人过来报销。

然而绝大多数上市公司的财务人员却坐在格子间里，盯着电脑屏幕里的各种Excel表格，疯狂地加班加点，拿着各种单据盲敲小键盘——能够盲敲数字键的，一定是财务人员了。

到了月底月初，不管是五一、十一还是春节，财务人员都无一例外地要加班出报表。过完节不行吗？当然不行，上市公司的报表出具是有严格的时间限制的,你想让老板收到证监会的询证函吗?这些时间点经过层层加码,倒推到报表人员那里,通常就成了每月月初的某一天。大型集团企业,为了能提前几天完成报表数据,会斥资数亿元提升内部网络和财务信息系统,并通过集中核算、财务共享中心等体制改革,把出具报表时间从每月的七日、八日提前到每月的三日。

我在财务部门待的十年,每一个元旦都在加班中度过。有一年,公司降费增效,下班后停空调,我裹着羽绒服在零下好几度的办公室通宵出报表。那么问题来了,上市公司的财务报表只是在年底才出吗?如此声势浩大,是不是出完年报,就可以"放羊"了?都不是。

如果你有留意上市公司的公告,就会发现所有上市公司至少有三种财报:季报、半年报和年报。这些财报有什么联系和异同呢?

以我编制的报表为例,年报通常有300多张(没错,是张。数万行表格,部分主表可以通过系统自动计算生成,大部分需要手工整理录入),半年报100多张,季报与半年报的数量差不多,月报有三四十张。

1.3.1 年报需要进行更多的数据调整

与季报、半年报(两者都可称为中报,即非年度报告)相比,年报的调整次数非常频繁。年末结账后,进行七八次报表数据调整是非常正常的,这并非为了"修饰"数据。主要原因是年底工作非常繁忙,难免发生一些重大的纰漏,比如分子公司之间对账错误、投资计划误入新年度、漏提各种减值准备、存货成本计算出现偏差、部分基层网点数据漏统计等。这就需要不断地做调整。

公司财务部门年报编制完毕后,并不会马上发布公告,细心的投资者可能会发现,绝大部分年报都是三四月份发布,与年初一月份相去甚远,用得着那么紧张吗?

Tips:其实财务人员在一月份的月初完成年报后,会迅速投入新财年的繁重工作中,需要编制新的一年的预算,分析分解年度指标。年终决算会影响一月份预算数据的录入效率,各基层网点拿着发票嗷嗷待报销,供应商也勒紧裤腰带耐心等着财务打钱。

等各项工作都忙得差不多了，一月份就要结束了，这时候就要加班出一月份的月报了。那年报呢？总部财务部汇总、分析完了，然后在那里放着。放着干什么？

直到三月份，会计师事务所开始进驻各分子公司的财务部门，对上年度的年报进行审计：核实收入成本，核查银行存款、往来款项，抽查库存情况，盘点资产……

事务所出具审计报告后，上年的财报就可以发布公告了，此时通常到了三月下旬甚至四月份。

而中报不需要做这样的调整。

1.3.2 年报内容比中报更加翔实

一份上市公司的年报动辄上百页甚至二三百页，内容非常庞大，但是季报和半年报通常只有寥寥几页，除了主要报表外，解释的部分很少。

无论是年报，还是季报、半年报，财报的核心均为四张财务报表：资产负债表、利润表、现金流量表、股东权益变动表。

为了向投资者披露更详细的信息，企业会将公司的业务、发展、公司治理等信息发布在年报上，但是这些附加信息就不会体现在季报和半年报中。同时，为了更好地解释年报中重大项目的数据，证监会要求企业披露年报的财务报表附注，将这些项目的明细罗列出来。季报和半年报没有这些要求，因此就显得单薄。

1.3.3 年报是经过审计的财报

根据监管要求，上市公司的年报需要经过事务所审计方可披露，而中报的披露就比较宽松，公司出完就可以发布公告了。

审计和未经审计有什么区别呢？

几乎所有的年报都会有这样一句话：本公司董事会、监事会及董事、监事、高级管理人员保证年度报告内容的真实、准确、完整，不存在虚假记载、误导性陈述或重大遗漏，并承担个别和连带的法律责任。

但是，未经审计的财报，有这句话也不一定是靠谱的。企业为了业绩有修饰财务数据的主观需求，因此财务人员通过各种"财技"便可将报表数据尤其是营业收入、利润等关键指标调整到公司管理层想要的范围。在没有审计的情况下，这样的调整就没有外部监督，所以中报都是"仅供参考"的。

经过审计的年报，其财务数据可以认为是"真实可信"的。有的投资者可能认为这样说太绝对了，上市公司中的"黑天鹅"太多。更有甚者，认为大部分上市公司的财报都是假的。对此，我们有必要接受一个基本的财务假设：事务所审计过的数据是"真实"的。因为不这么认为的话，我们就没有其他渠道可以获得这家公司更详细的财务数据，也就根本无法对上市公司实际经营情况进行评估。尽管存在事务所和企业联手作假的可能，但是通过检查银行流水、往来单位询证、资产盘点抽查等审计手段，企业的货币资金、固定资产、收入、毛利等核心指标基本是准确的。综合历年财报对比，我们就能够判断上市公司的基本面情况。

也正因为此间的差异，部分上市公司先发布业绩预告，再利用中报的数据调整，通过"超预期"的概念进行股价炒作。但是，他们就不敢这样操作年报了，因为一方面年报经过审计，调节余地不大；另一方面，拿年报炒作的法律风险太大。

1.4 合并报表和母公司报表

细心的投资者可能会在年报里发现两套格式一模一样的财务报表，但里面的数据却不尽相同。其中一张标记"合并资产负债表"，另一张是"母公司资产负债表"，二者有什么区别呢？

合并报表是指上市公司本部数据再加上所有分子公司数据合并后的数据报表，母公司报表则是指公司本部的数据报表。很多集团公司的母公司只是行使管理职能，因此母公司报表对于投资者来说没有太大的参考价值。书中的报表如无特别说明，均为合并报表。

资产负债表部分

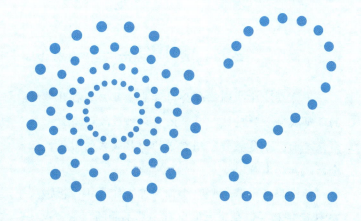

在任何格式的资产负债表里,排在第一项的永远都是货币资金。资产是按照变现速度和能力排列的,货币资金是最容易变现的资产,所以货币资金是排在第一位的最重要的资产。货币资金包括库存现金、银行存款和其他货币资金,有时候所有的货币资金都被统称为现金。我们能不能通过现金持有情况判断一家上市公司的质地呢?答案是肯定的。

2.1　货币资金——现金为王

小帅兴冲冲跑到证券公司营业室开户,打开炒股软件后,看到红红绿绿的满屏数字一脸茫然。后来他听说炒股除了看歪七扭八的各种图线外,还要看基本面,于是辗转拿到看中的一只股票的财报,但是看到第一行的货币资金后就开始发呆。

什么是货币资金呢?小帅参加工作几年,慢慢买了房子车子,虽然还有25年房贷和一点车贷,但也有一笔不菲的存款。这些存款和他身上的现金,就是货币资金。如果他把所有的存款和现金都拿去做投资,即使收益率远远大于银行存款利率,下个月的贷款还不上了,银行就会找他的麻烦:轻者会有失信记录,重者会被告到法院强制执行。这就是所谓的"现金流"出现了问题。

企业也一样,货币资金包括库存现金、银行存款和其他货币资金,有时候，所有的货币资金都被统称为现金。在资产负债表上，资产是按照变现速度和能力排列的，货币资金是最容易变现的资产，所以是排在第一位的最重要的资产。

Tips：在上市公司披露的财务报表中，现金流量表是最重要但却最容易被忽视的一张，与利润表的业绩相比，这张报表更加真实地记录上市公司收到"真金白银"的能力，因为现金流就是企业生存的"血液"。

2.1.1 不差钱的绩优股们

纵观 A 股市场，货币资金总量巨大的企业有三类，以中字头为主，这三类情况又不完全相同。

一是银行、保险等金融类企业，以中国平安 2016 年年报为例，货币资金高达 5697 亿元；二是建筑工程类企业，中国建筑虽然很有钱，但是 2016 年年报应付账款也有 4000 多亿元；三是高度垄断央企，如中油资本、中国石化。

让我们打开这些公司的年报，看看"不差钱"的上市公司是怎么做"土豪"的。

（1）分红

绝大部分现金充裕、排名靠前的巨无霸公司都实施了分红，而高额的分红对股价的影响是最直接的，分红公告发布后，通常高额分红的公司股价都会有一波上涨。

（2）投资

在 2016 年年报里，中国平安直接或者间接控股的子公司、孙公司多达 88 个。中国石化不断优化投资项目，2016 年资本支出达到了 764.56 亿元。

（3）理财

近 900 家上市公司在 2016 年进行了理财，总金额超过 1 万亿元。其中中国神华购买理财产品 310 亿元，中国动力超过 130 亿元。银行理财期限短、流动性强，对上市公司资金运用限制少，是上市公司资金配置的重要选择，更是追求稳健投资的央企、国企的标配。

（4）科研

中国石化 2016 年全年申请境内外专利 5612 件，获得境内外专利授权

3942件，获国家技术发明二等奖4项，获中国专利金奖1项、优秀奖9项；研发费用开支超过59亿元。上汽集团2016年的研发费用多达94亿元。

通过以上分析对比，我们可以得出一个结论：非金融、建筑类的企业，货币资金是最简单的评判标准，越多越好；而金融和建筑类的企业的情况更加复杂，不能单纯地用货币资金这一个指标来判断。

2.1.2 如何筛选缺钱的公司

几家欢乐几家愁，在巨头们现金多得无处可花的时候，也有很多上市公司因为筹不到钱而殚精竭虑。2016年的年报中，排除货币资金余额为零的银行，货币资金排在倒数前25位的公司中有10家是ST公司，因此，用缺钱这个指标排除投资对象是非常简单可行的手段。

缺钱也有两种情况：一种是真的缺钱；另一种则是实际不缺钱，因为关联公司的限制，导致报表上显示缺钱。在选择投资对象的时候，需要辨别出来，避免错过质地好的企业。

仰帆控股是2016年财报中货币资金最少的公司，账面仅有44.5万元现金，可能还不如董事长的年薪多。我们仅从账面上看就知道其资金捉襟见肘了，它近期需要支付的薪酬就100多万元，更是屋漏偏逢连夜雨。其年报提及管理费用降低原因的时候，竟然说是研发人员薪酬降低所致。由于流动负债大于流动资产，会计师事务所干脆在审计后的年报里提出了持续经营能力存在重大不确定性的审计意见。货币资金的金额远远低于近期要支付的欠款的情况，是铁定缺钱甚至可能经营难以维持的。

另外一个例子就是中国石化旗下的一家上市公司——泰山石油，2016年年报中货币资金只有1685万元，比例只占总资产的1.55%，相对来说也是非常缺钱了。这家企业可以被简单地从投资名单里排除掉吗？这就和大型集团企业的资金管理机制有关了。国内绝大部分集团企业都实施类似政府机关的"收支两条线"政策，收入户和支出户分离，销售商品的收入和进货的支出分别管理，所有开支实行资金申请制度。这种资金管理模式在整个集团层面大大减少了现金持有成本，加速了资金周转，提高了资金使用效率。因此，泰山石油属于上市公司中的特例，并非真的"缺钱"。除中国石化外，如中国中铁、中国石油等上市公司均有不少参控股子公司上市，这些子公司的货币资金短缺通常都是无须担心的。

2.1.3 警惕附录里的特殊项

货币资金有一个需要额外关注的项目，就是其他货币资金，通常项目包括但不局限于：被司法机关冻结的存款，被质押的存款，根据借款合同约定的某账户中必须保持的最低存款余额，公司信用卡账户存款，为了开具银行本票、银行汇票、银行承兑汇票、信用证而存入银行的保证金，保险公司的资本金存款等项目。这些都是变现能力比较差的货币资金，有些甚至存在着重大变现风险。因此在阅读年报的货币资金项目时，必须留意附注说明中其他货币资金的占比。

2.1.4 如何通过货币资金排雷

对于小帅来说，通过货币资金了解企业是如何赚钱和花钱的，就可以明白其是否值得投资了——货币资金远远大于短期负债的公司通常是质地优良的，有长期看涨的走势。根据企业几年的货币资金情况，再结合交易量、K线图等其他指标就可以放心大胆地找准时机进行投资。

不过，如果我们在货币资金里看到以下几种情况一定要小心，如果做不到对这些异常的原因了如指掌，这类股票不买也罢：

（1）货币资金余额比短期负债小很多——说明公司短期偿债存在问题。比如仰帆控股的应付职工薪酬远大于货币资金，员工们正在拿着工资单哭泣。

（2）货币资金余额比较大，却借了很多有息甚至是高息负债的；定期存款很多，其他货币资金很多，流动资金却严重缺乏——说明公司货币资金其实大部分是被冻结的。打开乐视网的资产负债表，我们会发现2016年货币资金超过36.6亿元，同时却有26亿元的短期借款，应付账款也有54.2亿元。在持有大额现金的情况下还有如此高额的短期借款，显然是不合常理的。我们甚至不需要再去核对融资成本、现金流情况就可以做出判断：其货币资金的变现能力是可疑的，如图2.1所示。

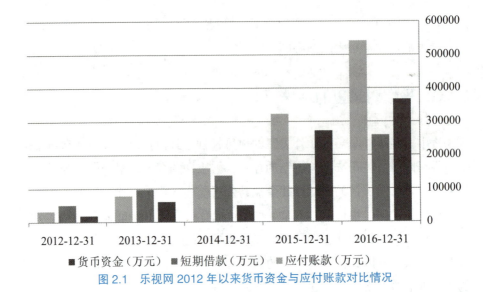

图2.1　乐视网2012年以来货币资金与应付账款对比情况

（3）其他货币资金数额巨大，并且没有合理解释的。比如中兴通讯2016年财报中，其他货币资金超过10亿元，根据年报信息其中大约6400万元的现金使用受到限制。

2.2　三项债权里的坏账准备——财务人员的良心账

小帅人缘比较好，偶尔会有朋友找他借钱，通常很快就会归还。但是也会有个别朋友忘记归还，甚至有时候金额还比较大。小帅不好意思索要，那么这部分钱还算是小帅的吗？小帅借出去5000元钱，由于各种原因，估计约有500元是要不回来了。

在企业的会计处理中，这种预估损失500元的情况，被称作坏账准备。

我曾经去一家新收购的公司交接会计档案，顺便瞥了一眼年报里的其他应收款，对身边该公司的财务大姐说："坏账准备提少了吧？"大姐先是愣了一下，我赶紧补充了一句："我是奉命来收账本的，不是来查账的，正好看到了，随口聊聊而已。"然后大姐长舒一口气，说："嘿嘿，我嫌麻烦，忘了提坏账准备了。"

自从A股有了ST机制以来，资产减值准备尤其是坏账准备就成了上市公司盈余管理的"缓冲区"。

坏账准备是什么意思呢？按照定义，它是指财务人员按期（至少每年末）估计坏账损失，提取坏账准备并转作当期费用，实际发生坏账时，直接冲减已计提坏账准备，同时转销相应的应收账款余额的一种会计处理方法。

简单地讲，就是别人欠你的钱，因为倒闭、重组等各种情况，有可能有一部分永远不会还了。你需要合理估计一个值（比如小帅预估的500元），将这一部分在当期费用里处理掉。由于坏账准备要进入当期费用，因此会影响当期的利润情况。

尽管确定坏账准备的比例是有严格要求的，但是各企业自行操作的水分还是非常大的。这有两个方面的原因：一方面，通常情况下，一个企业的客户众多，审计机构无法一一核实；另一方面，个别不负责任的事务所会和企业串通，一起修饰坏账准备的提取。

有些业绩不确定的企业，为了避免突如其来的绩效下滑导致ST，便在效益好的时候多提坏账准备，遇到效益不好的时候，少提或者不提坏账准备。

财务人员通常把应收账款、预付账款和其他应收款统称为"三项债权"，其中，应收账款和其他应收款需要计提坏账准备。

在实际操作中，坏账准备都为投资者挖了哪些坑呢？

举个例子，某上市公司因为市场形势太差，并未完成预期的利润指标。众所周知，利润指标是否完成预期，对股价的影响是巨大的。为使报表数字不那么难看，该公司财务人员就对部分坏账准备进行了"修饰"。

假设该公司当时执行的会计政策是：三年以上的应收款100%全额计提坏账准备，计入当期费用。现有A客户长期欠该公司1000万元，今年还了100万元，所以在二年以上应收账款的列表里，这个客户有900万元欠款。财务人员找到那张还款凭证，然后稍作修饰，变成了今年还款1000万元，然后又"新"发生900万元欠款。那么，这笔"新"发生的900万元，就不是三年以上了，而是不需要计提坏账准备的六个月以内的应收账款了。今年的利润表上，就"节约"出来1000万元利润。

我们无法从上市公司公布的年报里看到如此清晰的修饰过程，但是却能从其三项债权和坏账准备的明细表里看出一些端倪。

2.2.1 前后矛盾的坏账准备

Tips: 有些上市公司把坏账准备当作一个"蓄水池",在效益不同的年份,处理方式像弹簧一样可松可紧,一切调节都是为了合适的利润额。对于应收账款、其他应收款非常巨大的公司,投资者一定要警惕坏账准备调节的可能性。

2016年11月,天沃科技通过现金收购的方式并购中机电力,这笔业务引起我的好奇,经查阅中机电力历年财报和天沃科技的资产变更情况,我几乎可以确认:这是一个实质上"借壳上市"的案例。同年4月,中机电力还有一次和ST东晶的短暂接触,试图借壳上市。一般情况下,中字头的企业是不愁上市的,某些央企甚至可以为了获得一个吉利的股票代码推迟上市,这家企业为何如此迫切地上市?

一切秘密都藏在财报里。中机电力全名中机国能电力工程有限公司,但实际上是从民营企业起家的。2002年成立,当时叫上海协电电力技术有限公司,后被中机国能工程有限公司(此处没有"电力"俩字,是真正的国企)参股50%左右。后来随着不断增资和新股东的加入,中机国能工程有限公司目前的股份稀释为33%左右,但仍为第一大股东。

由此可见,这并非是一家传统意义上的国企。从其审计后的连续两年的年报和2017年1—7月份的财报来看,资产总值、盈利能力均处在较稳定期,年净利润在2.5亿元~3亿元之间。仅从主要指标看,其主营业务受市场波动影响较小。拆解其年报内容,可以发现,该公司的主要客户为国内各大电厂、炼厂,它为这些公司生产技术含量较高的压力容器等设备。根据天沃科技2017年7月份的公告,当时在手的订单高达183亿元。

2016年1—7月份,中机电力三项应付账款高达26亿元,2017年1—3月份,合并中机电力后的天沃科技三项应付账款高达20亿元,因此坏账风险较大。

中机电力2017年7月31日的财报中,列出了应收账款金额排名前五名的应收账款客户明细,这五个客户应收账款共12.36亿元,中机电力为之计提了7600余万元的坏账准备。

其中有一个细节引起了我的注意:第四大客户——中机国能电力投资集团有限公司计提了10%共计1700万元的坏账准备。看名称它们似乎是一条战线的企业，经核实也确实是关联公司。按理说关联公司是可以不计提坏账准备的。根据中机电力的坏账准备计提标准，可以推算出1—2年的应收款计提坏账准备标准是10%，按照这个标准，中机国能电力投资集团有限公司应该出现在往年的1年以内的客户列表里和2016年年报中2—3年的客户列表里，然而这家客户并没有出现在2015年和2014年的应收账款客户明细中。

在2016年合并中机电力后的天沃科技年报里，前五名客户被隐去了公司名称，当然这挡不住火眼金睛的我们，前五名客户合计12.6亿元的应收账款中，仅有8700万元列在2—3年，其余的全部列在1年以内和1—2年！同时，当年也没有发生坏账损失。

通过对比，虽然存在着这家客户在不同的报告期因为欠款金额巨幅变动突然出现和消失在前五名列表里的可能，我们仍然可以简单粗暴地认为：中机电力和天沃科技的坏账准备提取情况是可疑的。

2017年一季度季报里，天沃科技的净利润是4852万元，仅这一家客户的坏账准备对天沃科技的利润影响就超过1/3。而天沃科技的应收账款账面余额超过20亿元，还是有多少坏账准备存在问题呢？

细观中机电力借壳时的负债情况，得知一年内需支付的款项高达26亿元，而其账面只有不到8亿元现金。虽然握着上百亿元的订单，偿债压力却非常大，所以这就是它千方百计都要上市融资的主要原因吧！

2.2.2 收购来的债权就不用计提坏账准备了吗

在对A股市场的三项债权进行分析时，按三项债权占总资产的比例进行排名，排在前列的除了各ST股外，华信国际也名列其中，三项债权占总资产的比例竟有83.95%，这是家做什么业务的公司？全是欠款啊！难道是镖局？我不禁好奇地下载了华信国际的历年财报。

2014年的财报里，应收账款大约9个亿，2015年财报勉强也算正常，应收账款大约27亿元，从2016年季报开始，应收账款开始打着滚往上翻，到了2016年的年报，应收账款涨到了70亿元之多。

2015年，该公司经历了一次重组，一家成品油销售企业加入了进来，营收结构和现金流发生了较大变化。恰好我曾在成品油销售企业做过财务报表，这个行业现金流可观，基本是卖方市场，很少出现较大额、长期的赊销，不可能有如此高比例的债权。我再仔细看一下年报，能源和化工产品占到营收的 97%，但营收中有 1.73% 的保理业务收入——年报里解释如此高额的应收账款是因新增保理业务所致。

什么是保理业务呢？卖方将现在或将来的基于它与买方订立的货物销售／服务合同所产生的应收账款转让给保理商（提供保理服务的金融机构），由保理商向其提供资金融通、买方资信评估、销售账户管理、信用风险担保、账款催收等一系列服务的综合金融服务。通俗地讲，就是买来别人的债权，然后替人收债的。

如此高额的应收账款，提了多少坏账准备呢？比例是 0.31%，这么低的比例恐怕是 A 股上市公司里最低的。

通常保理业务揽收的都是 1 年内甚至 6 个月内的债权，因此理论上讲坏账风险相对较小，但是话又说回来，时间又短风险又小的债权，企业为什么要卖掉？我也曾经搜过成品油销售行业相关的保理业务，不乏存在骗取资金的案例，以至于某些成品油销售央企在标准合同文本上特意打上"本合同不得办理保理业务"的标签。

陆金所 2.5 亿元的保理业务坏账事件（2015 年 3 月，陆金所爆出 2.5 亿元坏账，因平安国际商业保理天津有限公司的借款项目出现问题）余波未平，加强保理业务的风险意识犹闻在耳。

所以，我看到华信国际 70 亿元的应收账款却只有 2200 万元的坏账准备，还是替投资者捏着一把汗的。

小帅看清楚了这两种情况后，如何通过三项债权来判断企业的投资价值呢？一般情况下，三项债权在总资产中所占比例较高，并且坏账准备计提比例过低的（比如综合计算低于 10%），尤其是那些稍微一调整坏账计提比例就能对净利润产生大幅影响的，就可以认为有坑，需要投资者擦亮眼睛了。

2.3 藏在存货里的利润

小帅喜欢钻研手机，有次在某型号手机发布的时候抢到 3 部，每部 5000

元，总共付了 15000 元。后来有朋友陆续从他手里买走两部，因为市场价格不断变动，第一部卖了 6000 元，第二部卖了 5000 元。他想要算算一共赚了多少钱的时候，发现最终是否赚钱却取决于第三部手机能卖多少钱：如果第三部手机卖的价格能超过 4000 元，他就是赚钱的，超出多少就赚了多少；如果低于 4000 元，他就是赔钱的。他手里剩下的这部手机，在会计上就是库存商品。当他持有未出售的库存商品时，利润是不确定的。

以销售商品为主营业务的企业，情况要复杂得多，因为可能从几十甚至上百家供应商采购不同批次、价格不同的商品，但本质上和小帅卖手机是一样的——企业的利润会受到持有的库存商品市价的影响。在市场形势不好的时候，如果商品的售价不断下跌，那么企业尚未卖出的库存商品，实际价值也会下跌，这种现象叫作潜亏，意思是潜在的亏损。期末，如果已经能够预见潜亏的情况，按照谨慎性原则，<u>企业应该确认这笔亏损</u>，即按照《企业会计准则第 1 号——存货①》的要求，资产负债表日，存货应当按照成本与可变现净值孰低计量。可变现净值，是指在日常活动中，存货的估计售价减去估计的至完工时将要发生的成本、销售费用以及相关税费后的金额。存货成本高于其可变现净值的，应当计提存货跌价准备，计入当期损益（计入资产减值损失）。

但是，可变现净值，准确地讲，只能是个估计数，很难有精准的判断标准，并没有像银行存款那样一元钱就是一元钱的透明尺度，存货跌价准备的尺度几乎都在企业和会计师事务所联手掌握之中。这些不透明的条文为投资者挖了深坑。

我曾是上市公司的报表人员，自然很清楚如何通过存货来调整利润：当期营业利润的主要部分来自主营业务收入减去主营业务成本后，再减掉资产减值损失后的差额，而资产减值损失的一部分来自企业提取的存货跌价准备。通俗地讲，企业可以在期末通过存货可变现净值的判断，即通过存货跌价准备来调节利润。效益不好的上市公司会有增加利润的主观意愿，就有可能少提存货跌价准备。

Tips：在观察上市公司的库存商品的时候，我们可以与报表中的净利润

---

① 存货，是指企业在日常活动中持有以备出售的产成品或商品、处在生产过程中的在产品、在生产过程或提供劳务过程中耗用的材料和物料等。因此，持有的未销售的库存商品属于存货的范畴。

结合起来分析，通过分析上市公司存货与净利润的比例、存货周转率和存货周转天数等指标的方式，判断该上市公司的库存商品是否有水分。

在标准的财务指标中，是没有存货与净利润比例这个指标的，但这个指标却着实是一个有用的"发明"。因为很多上市公司在披露数据的时候，需要先定下净利润，然后倒推其他数据。报表人员在财务主管的指挥下，去相应的会计科目进行"修饰"，金额巨大的存货等科目是最佳目标。所以投资者通过和净利润的对比，更容易发现隐藏的问题。

首先，我们通过行业属性进行排查，如果是房地产企业就可以放行，因为该行业比较特殊，销售周期特别长，会有巨量的存货。只是，在可以预计的未来，房地产的库存基本上是越放越值钱的。

其次，我们排除掉茅台这样的窖藏酒企业，因为茅台酒的库存周转天数在 2000 天左右，大概折合成 6 年，同时我们也可以判断这个年份的茅台是最畅销的。

剩下的企业，如果库存周转率和存货余额比较大，我们就要小心了。比如我接下来要讲到的情况。

2.3.1 存货这把双刃剑

临近年底，双十一、黑五、双十二等电商节接连不断，降价打折成为各零售企业的杀手锏。但是有一家旗舰店却如一股清流，不打折，不送积分，不办会员，不清仓跳楼，只进行了前 1000 名送 iPhone X，前 1 万名、前 10 万名送代金券的活动。这家旗舰店就是海澜之家，它这么做的原因，正是出于对线下加盟店的保护。

2011 年的时候，我供职的一家零售巨头开始尝试互联网转型，拿出一部分业务做电商，我加入了这个电商项目部。虽然最终因为无法打通供应链、信息系统瓶颈、体制僵化、项目部权限不足等各种情况导致项目不了了之，但在这次试验中我也明白了传统企业为什么天然没有互联网基因。在这一年，苏宁、王府井、银泰等传统零售行业都开始了互联网化转型，线下零售巨头海澜之家也小心翼翼地迈出第一步，开始试运行电商。

互联网时代，传统零售业都知道不转型就是等死，但转型更是找死。零售企业要么在连年的亏损中渐渐垮掉（比如银座股份），要么在激进的转型过程中碰壁而头破血流（比如苏宁云商）。

根据国家统计局数据，2017年1—6月份，社会消费品零售总额172 369亿元，同比增长10.4%。其中，限额以上企业消费品零售额76 953亿元，增长8.7%。在限额以上企业商品零售额中，服装鞋帽针纺织品类增长7.3%，全国网上零售额31 073亿元，同比增长33.4%。通过这些数字，我们大致了解到，从大环境来看，线上零售份额越来越大，已经接近40%，向线上转型是所有传统企业不得不迈出的一步。

如今，在迈过"七年之痒"门槛的时候，海澜之家的电商业务经营得如何呢？

我们通过历年的财报可以得出结论，在向线上转型的过程中，海澜之家虽然起步比较早，但是走得非常谨慎，直至2017年仍以线下为主，只有不到3%的营收来自线上，与之相对应，同时期起步的苏宁云商的线上业务已经超过30%。

李宁曾经用了五年的时间并付出了惨痛的代价才基本解决了线上线下业务打架的问题。为了避免线上线下业务冲突，海澜之家从实施电商业务之初就采用了线上线下同价的定价策略，并注册了一家子公司单独运营线上业务。而线下业务采用了与众不同的自营和加盟相结合的方式：自营与加盟相结合的类直营管理模式，海澜之家与加盟商结为利益共同体，以实现低成本快速扩张。为保证海澜之家全国特许经营体系统一的营运管理模式和品牌形象，加盟商只负责支付相关费用，不必参与加盟店的具体经营，所有门店的内部管理均委托海澜之家全面负责；海澜之家与加盟商之间的销售结算采用委托代销模式，拥有商品的所有权，加盟商不承担存货滞销风险，商品实现最终销售后，加盟店与海澜之家根据协议约定结算公司的营业收入。

通过这种经营模式，海澜之家解决了同类企业头痛的加盟商的库存问题——加盟商无力承担退换货导致的库存积压，许多品牌的加盟店在无力承担库存的时候被迫关店。而海澜之家的加盟店无须背负这些包袱，轻装前行，把重重的库存负担都甩给了海澜之家。库存，是海澜之家的一把双刃剑。

1. 越来越多的存货和比例存疑的存货跌价准备

海澜之家的加盟店关店率极低，并且迅速扩张，据2017年半年报，门店遍布全国31个省、自治区、直辖市，覆盖80%以上的县、市，共计5491家。由于海澜之家的加盟模式，这些门店不增加海澜之家的总资产。2014年（海澜之家在2014年的合并报表范围发生了大幅变化，因此以2014年作为数据对比起始年份）以来，资产负债表情况变化不大，如图2.2所示。

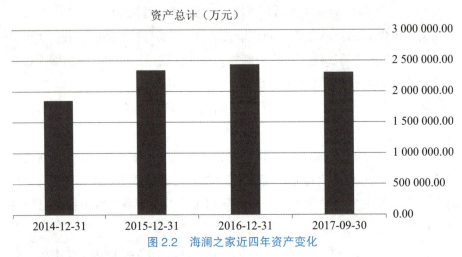

图2.2　海澜之家近四年资产变化

粗看存货情况是波动不大的，除2015年较2014年有了较大幅度上升外，2016年后维持一个比较均衡的水平，几年来存货占总资产比例在35%左右，如图2.3所示。

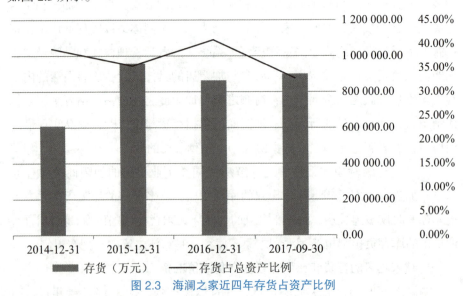

图2.3　海澜之家近四年存货占资产比例

但是我们通过计算存货周转天数会发现背后存在的隐患，作为一家时尚品牌，存货周转天数竟然高达300多天（2017年为三季度季报数据）。

图2.4　海澜之家近四年存货周转天数

如此高的存货周转天数带来的后果可想而知，服装更新迭代相当快，过季的服装将很难销售，因此海澜之家的存货跌价准备连年攀升（2017年为半年报数据）。

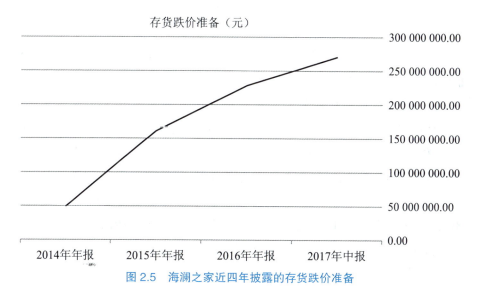

图2.5　海澜之家近四年披露的存货跌价准备

根据2017年半年报中的存货跌价准备计提金额，我们可以倒推出海澜之家仅对库存商品和委托代销商品两种类型的存货计提了存货跌价准备。库存商品是销售环节尚未出售的部分，委托代销商品则是加盟商的库存积压，计提比例分别是4%和1.6%，合计2.7亿元。而2016年年报中的数据却有所出入：委托代销商品的存货跌价准备计提比例为2%。如果2017年半年报采用2016年年报的计提比例，委托代销商品的存货减值准备将增加933万元，利润减少933万元。虽然对于2017年半年报中的18.8亿元净利润来说，这933万元如同九牛一毛，但是存货跌价准备的计提比例却让人担忧：在超长的存货周转天数下，如此低比例的计提比例是否合理？

据Wind（资讯金融终端）提供的数据，2017年半年报，服装行业存货跌价准备平均计提比例为12.1%，其中七匹狼的计提比例非常激进，高达42%。2017年半年报的存货总额为86.7亿元，如果海澜之家按照行业平均水平计提，那么存货跌价准备将是10.46亿元！比现在多提近8亿元，差不多要打掉接近一半的净利润。

许多消费者都抱怨海澜之家的款式比较陈旧，更适合中老年人。虽然公司不断地花费巨资聘请"小鲜肉"做形象代言人，但是收效甚微。从报表中体现的存货情况可见一斑。时尚的服饰时效性更强，款式更新频繁，库存积压将会更为严重。在接近一年的库存周转天数的压力下，还是生产比较耐久的款式更安全，因此海澜之家的服饰风格越来越平淡无奇。

从另外一个数据看也能印证这样的分析结果，2016年海澜之家的年报中披露的研发费用为2665万元，不足营业收入的0.1%。

2. 向线上转型开始提速

从近三年来的营收和净利润情况看，随着门店数量的不断增加（从2014年的3348家增加到2017年的5491家），海澜之家业务增长也比较稳健，并保持着行业内较高的销售毛利率和销售净利率，如图2.6、图2.7所示。

为了快速扩张，海澜之家近期甚至采用了免收加盟费的方式来发展门店，不需要高额加盟费、不需要担心库存，加盟商的积极性得到了最大的调动。在同行业中，海澜之家的关店率是最低的。

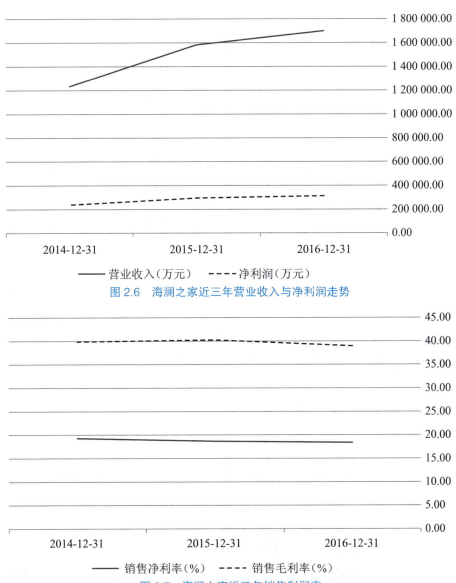

图 2.6　海澜之家近三年营业收入与净利润走势

图 2.7　海澜之家近三年销售利润率

但是通过对存货的分析我们可以了解到，这样高的毛利率是通过不断增加库存压力来实现的。为了解决这些棘手的问题，在维系线下门店份额的同时，海澜之家向线上线下结合的"新零售"发起了挑战。

2016 年以前，海澜之家在电商领域都是在"试水"，非常小心谨慎，虽然没怎么赚钱，但也没有在这方面烧钱赔钱。但是从 2017 年开始，电商方面的发展明显提速了。

2017年11月，海澜之家发布公告，拟公开发行可转换公司债券，募集资金总额不超过30亿元。公司拟投资7.09亿元用于产业链信息化升级项目，具体包括门店信息化升级改造（5.41亿元，占项目投入76%）、供应商一体化信息平台建设（1.39亿元，占20%）和运输管理系统（TM）升级（0.29亿元，占4%）三大板块。

根据公告信息，可以计算出，海澜之家约投资4亿元用来改造O2O系统（线上线下电子商务），通过引入智能识别系统、智能展示平台、智能试衣间等O2O配套设施来打造1000家智慧门店精准营销系统。

海澜之家的电商化运作不是简单地模仿众多淘宝天猫旗舰店，而是创造性地与门店相结合。2016年它在100家门店试点就近提货，2017年将试点范围扩大到1000家门店。这对库存管理系统是一个极大的挑战，要对原有的库存体系进行大刀阔斧的改造，并且要重新打通全部业务流程。

从O2O的角度来看，海澜之家的算盘打得非常不错，当前中高端服装的网购体验其实是很差的。由于不能试衣服，客户和商家的沟通成本非常高，退换货是常态。而销售模式变成客户在线选购、门店试衣、提货，则有机地把线上海量选型和线下试穿的优势结合起来。一旦做到在全国5000多家门店推广，这种模式还是值得期待的。

海澜之家在电商领域小碎步7年后突然发力，应该是有两方面的原因：一是前期小范围试点的过程中不断试错，最终找到了合适的解决方案；二是市场的压力让其不得不强行转型，加上很多传统企业死在了前头，这让海澜之家吸取了许多经验教训。

如果海澜之家能彻底解决悬在头顶的库存这把双刃剑，那么通过不断扩大门店数量和增强优异的O2O体验，它将成为"新零售"旗帜下充满活力的真正的"男人的衣柜"。

Tips：在本书成稿之际，腾讯宣布入股海澜之家，持股5.31%，成为腾讯新零售规划中重要的一个环节，海澜之家下一步的电商之路将会更加顺畅。腾讯的选择不是漫无目的的，从海澜之家历年的财报数据中也可以找到答案。

2.3.2 库存周转天数远超行业平均值

家电价格不断在下降，家电行业的库存周转率就是企业的生命线，因此投资者在投资家电企业的时候，要重点关注库存周转率。

作为曾经的白色家电的骄傲，春兰股份也辉煌过，1994年4月春兰股份在上海证券交易所挂牌上市。"春兰"系列空调产品连续五年（1990—1994）产销量及市场占有率位列全国第一。而如今，这个品牌几乎被人遗忘，我们打开春兰控股2016年的年报，发现空调业务是亏损的，毛利率竟然是-38%。盈利是依赖房地产业务和投资收益实现的，当年的巨无霸沦落至此，让人不禁唏嘘。

在2016年的年报中，春兰股份共计有8.38亿元的存货，是净利润的70倍，它的库存周转天数为1746天。其中约50%的存货，年报明确标记为房地产项目，剩下的4亿多元的存货应该是以空调为主的家电产业（年报未提供更详细的数据，但其主营业务仍为生产销售制冷设备等，因此假设）。

对比一下，当今空调行业的霸主格力电器，库存周转天数只有46天，另一家优质的家电企业——青岛海尔，存货周转天数只有52天。可见家电行业竞争异常剧烈，站在顶端的家电企业都是用极高的存货周转率来提高资金的使用效率的。

春兰股份超长的存货周转天数，必然导致效益低下。该公司的解决之道是退避三舍，绕道而行。从年报上看，春兰股份已经打算放弃空调的发展。一边勉强维持着空调业务的巨额亏损，一边扩大房地产投资来弥补，或许，不久的将来，春兰股份会更名为春兰地产？

以上三家企业的2016年年报公布后，它们的股价都经历了一个下滑期，这也证实了投资者对其经营情况的不信任。

看懂了财报里的存货情况，小帅知道哪些库存状况堪忧的企业不可以投资了。在营业收入、净利润、投资收益、现金流等重要的财报指标的背后，财务人员还有存货这个杀手锏用来进行报表的"修饰"，让财报变得好看。存货往往是很多新手股民忽视的指标，它背后隐藏着的真实情况却是存货周转率的低下、营运能力的不足。

2.4 固定资产折旧年限的奥秘

为了美其名曰提高工作效率（其实是想方设法裁员），公司给市级分公司配了一批服务器。我在做调拨单的时候，领导拿着烟斗坐在了我办公桌的对面，我赶紧最小化了QQ、浏览器和动画片……

领导皱着眉头问我："小李呀，你觉得这些服务器能用几年？"

我说："这都是国产最好的机器了，质量可靠，起码用五六年吧，到时候升一下级，用到10年没问题。"

"那折旧年限是多少？"

"公司内部制度上写的是4年啊。"我擦了擦汗，心想领导套路真多啊，为了考验我最近有没有学习，竟然绕这么大弯子。

"既然能用10年，为啥非要4年提完折旧呢？最近利润指标任务很重，你知道吗？"

我拍了下脑袋，领导不按套路出牌啊，我咋没想到他的本来意图是这个。

于是翻出内部会计制度，告诉领导这些设备根据用途完全可以换个类别，比如放到工程设备里，就能够执行8年折旧年限了，预计今年可以少提200万元的折旧，事务所那边我去做工作……

领导满意地离开了我的办公室。

固定资产和折旧是怎么回事呢？

固定资产是指企业为生产产品、提供劳务、出租或者经营管理而持有的、使用寿命超过一个会计年度的有形资产，包括房屋、建筑物、机器、机械、运输工具以及其他与生产经营活动有关的设备、器具、工具等。

随着固定资产的使用，其价值会逐渐减少，因此固定资产需要按月摊销，计入当期损益，这就是折旧。我国企业会计准则允许四种计算折旧的方法，最简单易行也是最常用的方法是按照固定资产使用年限平均计算折旧（通过折旧年限可以计算出折旧率），按月摊销计入当期损益。税务部门只规定了最低折旧年限，企业根据自身情况自行制定具体的折旧年限。比如某公司，电脑设备执行 4 年折旧摊销——假定计算机 4 年报废，一台 4000 元的电脑，每年就需要计提 1000 元的折旧（为便于理解，残值率在此处忽略不计）。4 年后这台电脑还在工作的话，那它的账面价值就是 0 了，因为已经被分摊到之前 4 年中每月的利润表里了。

搞明白了折旧的原理后，我们就不难理解调整折旧年限对利润的影响了。1000 万元的设备，4 年提完折旧，每年的折旧就是 250 万元，就要减少当年 250 万元净利润；如果改用 10 年提完折旧，那么当年只需要计提 100 万元折旧，只需要减少当年 100 万元净利润，折旧年限这么一调整，当年就多了 100 万元的净利润。

2.4.1 重资产企业的利润修饰

2017 年 8 月，亚泰集团发布了一则公告：《关于吉林亚泰（集团）股份有限公司所属水泥生产行业子公司固定资产折旧年限会计估计变更的专项说明》。通过这个专项说明，我们可以了解到亚泰集团调整了折旧年限，并对当期利润造成了重大影响。由于亚泰集团是重资产企业，据 2016 年年报，其固定资产总额有 128 亿元，此次折旧年限调整，少提折旧 5142 万元。相应地，在没有任何经营改善的前提下，就能增加本年净利润 5142 万元。

我们看一下亚泰集团五年来的固定资产、累计折旧和净利润曲线（如图 2.8 所示），会发现该公司近年来盈利压力非常大，累计折旧不断攀升，蚕食了相当一部分利润。为了避免报表亏损，亚泰集团不得不使出了折旧年限调整的手段，不惜损失巨额税款，也要确保盈利。

类似的通过调整折旧年限"修饰"利润的重资产企业非常多，三钢闽光在 2016 年 1 月发布了《关于调整部分固定资产折旧年限的公告》，将一部分房屋建筑物、机器设备等资产的折旧年限进行了延长处理。本次调整后，当期利润增加 1.46 亿元。

进行钢铁生产的三钢闽光也是一家重资产企业，固定资产多达 64.5 亿元，2015 年巨亏 2.8 亿元，在折旧年限调整的助力下，2016 年实现利润 4 亿元。

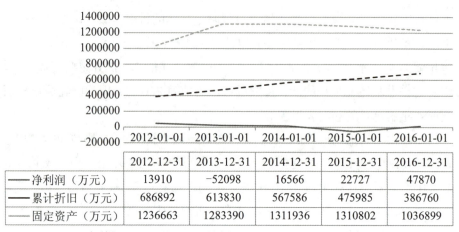

图 2.8 亚泰集团近五年固定资产、累计折旧和净利润曲线

透过三钢闽光的个案，延伸到整个钢铁行业，我们发现该行业是调整折旧年限的"重灾区"。2013 年以来，河北钢铁、鞍钢股份、山东钢铁、方大特钢、八一钢铁、厦门钨业、南钢股份、武新股份、柳钢股份、马钢股份、华菱钢铁、韶钢松山等众多钢铁上市公司，都调整了折旧年限。这些企业固定资产金额庞大，调整折旧年限对利润的影响也是巨大的，动辄数以亿计——河北钢铁仅在 2014 年一年就通过调整折旧年限的"财技"实现了增加 15 亿元净利润的壮举。

Tips：有趣的是，钢铁企业变更折旧年限的理由几乎是一个模板：因为近年来公司不断扩大对固定资产的投资力度，对设备生产线进行技术改造及技术革新，并定期对设备生产线进行全面检修及年修，对生产用房屋及建筑物进行修缮，提高了设备的使用性能、装备水平及使用寿命。

而能让事务所的注册会计师们昧着良心在会计估计变更公告上盖章签字的，恐怕只有更高额的审计费了。

2.4.2 还有这种操作——调低折旧年限

从企业的财务角度来说，因为调整折旧年限需要会计师事务所的配合，所以企业进行利润"修饰"的时候，会计政策的变更往往是最后一招。当我们看到一个企业会计政策变更的时候，再去对比净利润情况，如果盈利压力比较大，那就可以肯定其动机不纯了。而且还可以更加深入一点揣度：其他的报表项目肯定也做了不同程度的"修饰"，实在挖不出更多的利润的情况下，又来调整折旧年限。

一般而言，调整折旧年限的上市公司的主要目的往往是实现更多的利润，但凡事总有例外。2017年6月，牧原股份发布公告，将机械设备和办公设备的折旧年限缩短。公告表明，根据变更后的折旧年限，经公司财务部门测算，本次会计估计变更将会对2017年的财务状况和经营业绩影响为：增加折旧262.13万元，减少净利润262.13万元。

这样的操作让很多重资产的企业羡慕不已，那么，牧原股份的目的是什么呢？让我们研究一下牧原股份的年报。（参见图2.9。）

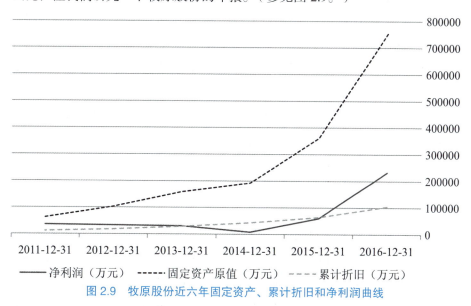

图 2.9　牧原股份近六年固定资产、累计折旧和净利润曲线

通过牧原股份连续六年的年报数据我们可以看出，该公司近年来尤其是2014年以来营收、利润双双暴涨，并且分析机构对其未来的发展给出了比较好的预期。而累计折旧在效益如此可观的情况下，并没有同样的增幅。

它是为了在效益好的时候更早地摊销掉固定资产，为企业的未来减负，所以才将折旧年限调低吗？

这样去理解牧原股份的动机确实具有一定的合理性，但是我们从其公告的数据来看：调整之后，对2017年的利润影响只有262.13万元，与牧原股份 2016 年年报中 23 亿元的净利润相比微不足道，调整折旧年限的做法岂不是多此一举？

其实不妨假设一下，随后的几年内，牧原股份将快速扩容增产，而这样的会计估计变更会对牧原股份未来的折旧、利润产生重大影响——2017 年牧原股份半年报的固定资产总额较 2016 年年报增加了 1/3，达到 82.3 亿元。

2.4.3 综合折旧率

除了发公告通过变更折旧年限来调整利润，还有更多的企业选择了"偷偷"调整折旧的方式，比如本文开始时我提到的操作——变更固定资产的分类，从而影响提取的折旧。面对这些五花八门的伎俩，投资者该如何判断呢？一个比较简便的检查手段就是"综合折旧率"：通过计算当年提取的折旧总额和固定资产总额的比率（综合折旧率），与以前年度进行对比，如果数值发生了重大偏差并且没有合适理由的，通常可以认为是在折旧上做了手脚。

据 Wind 提供的数据，A 股上市公司中，2016 年综合折旧率较 2015 年变动超过 30% 的共有 600 余家。在这些公司中，除了发生大规模并购或重组的企业（因为并购或重组时资产结构发生了重大变化，导致综合折旧率发生变动），有相当一部分上市公司在资产增加的情况下，综合折旧率反而降低，这种企业通常是比较可疑的。

比如，中化岩土 2015 年的综合折旧率为 3.13%，固定资产净值为 6.4 亿元。而在 2016 年的年报中，固定资产净值增到 9.6 亿元，综合折旧率却降到了 2.1%。固定资产增幅接近 50% 的情况下，2016 年的折旧费用相对于 2015 年却几乎没有变化（2015 年折旧费为 2008 万元，2016 年折旧费为 2011 万元），这样的数据变化是值得玩味的。

我们无法肯定这些企业的财务人员一定作了假，但是数据说明了其折旧的处理是不正常的，投资者在分析基本面的时候，需要对这类企业戴上"有色眼镜"来审查。

通过 Wind 数据库大数据筛选，除了 ST 类的上市公司外，创业板的综合折旧率问题也比较多，比如蒙草生态、苏大维格、欣天科技、移为通信等均存在 2016 年年报较 2015 年年报综合折旧率大幅下降的情况。这与创业板的上市条件相对宽松有关，部分事务所审计不严谨和监管标准相对宽松，导致了大量"修饰"过折旧的公司上市。

2.4.4 监管层的责任

由于会计准则允许企业自行确定折旧政策，企业只要与会计师事务所协商好便可以发布公告变更折旧年限，抑或是通过调整固定资产的分类对折旧额造成影响，从而调整净利润。从上市公司折旧年限变更公告来看，固定资产的折旧管理已经成为上市公司尤其是重资产公司调节利润的工具。

我们建议监管层加大会计政策变更的审核力度，对于严重影响利润的变更，企业必须提供更为翔实的变更依据：如果因为设备升级导致使用年限变长，企业应提供专业的评测机构检测的测试报告等证明材料，而非仅凭事务所的一面之词。

2.5 在建工程里的是与非

十多年前，我在某上市公司财务部负责财务报表工作。有一次去一家分公司检查财务工作，分公司的分管经理请吃海鲜大餐，尽管我再三推辞，还是在盛情邀请之下用公款吃了螃蟹和海参，这顿饭让我面对股民深感自责。我参与制定了公司很多严格的费用管理制度，所以知道这种超标准的就餐费用是很难入账的。回到公司本部，我便到系统里查这笔费用去了哪，结果让我大跌眼镜：这顿大餐乖乖地躺在在建工程里。在建工程通常是建设、大维修的项目，餐费居然也可以改头换面藏入其中。

从此以后，我在出具财务报表的时候开始有意识地留意在建工程的组成，发现除了一些不规范的费用会进入在建工程外，各分公司还普遍存在着延迟转固定资产等情况。

在此给不太了解会计实际业务的投资者普及一下在建工程的定义，它是指企业固定资产的新建、改建、扩建，或技术改造、设备更新和大修理工程等尚未达到预定可使用状态的工程支出。与固定资产处理方式不同的是，在

建工程是不需要计提折旧的。

根据企业会计准则要求，达到预定可使用状态的在建工程，是必须转成固定资产并开始提取折旧的，而延迟转资则会导致晚提折旧，使当期费用少列支，从而虚增利润。另外，如果在建工程是通过借款的方式，那么整个修建过程中，符合条件的利息是可以资本化的（列入在建工程并在达到预定可使用状态后转入固定资产），从而减少当期财务费用。

打开上市公司的年报，我们会发现有些企业的在建工程也是存疑的。我以净利润作为参照物，用在建工程进行对比，根据 Wind 数据库资料，对全场 3000 多只股票的在建工程与净利润的比值进行排序。结果排在第一位的是中国联通，2016 年在建工程是净利润的 500 多倍，考虑到中国联通正在全国范围内进行大规模的 4G 改造，这样巨大的在建工程似乎也可以理解。除此之外，排在前列的大多数是钢铁、水电、港口等基建比较发达的公司，这些企业巨量的在建工程是可以理解的。但是有几家并非此类，却名次非常靠前的公司不禁让人起疑。

2.5.1 在转资时间上玩点花样

金晶科技主要业务涵盖玻璃和纯碱两类产品，分别隶属于建材和化工行业，企业采取自产自销的经营模式。该公司从事的工程建设业务遍布全球：经典案例有中国尊、北京银泰中心、鸟巢、水立方、上海世博阳光谷、上海中心大厦、环球金融大厦、深圳平安大厦、阿联酋的迪拜塔（哈利法塔）等地标性建筑。2016 年，公司实现营业收入 33.57 亿元，归属于上市公司股东的净利润有 3975 万元。单纯从财务指标看，它属于质地还算不错的公司。

只不过，金晶科技 2016 年的财报里有 13.56 亿元的在建工程，远远高于当年的净利润。如此庞大的在建工程里面放了些什么呢？有没有海鲜大餐？

其实，与海鲜大餐相比，推迟转资才是更重大的因素。金晶科技 2016 年的累计折旧为 4.08 亿元，有没有少提或者多提折旧，少提或者多提了多少折旧，都会对利润的真实性产生巨大的影响。

Tips：根据会计准则，上市公司可以根据实际情况选择在建工程转固定资产的方式，但是任何一种方式都会有严谨的要求。不少上市公司将会计准则视同儿戏，转资标准比较随意，而由于转资后要计提折旧，因此转资的时间点对在建工程较大的公司的利润影响比较大。

我们认真分析该公司财报里的在建工程，会看到"太阳能电池基板及LOW-E玻璃项目工程"和"宁夏金晶玻璃生产线"两个项目就占据了9.2亿元的在建工程余额，占全部在建工程的70%以上，其中"太阳能电池基板及LOW-E玻璃项目工程"完工进度为空值，"宁夏金晶玻璃生产线"完工进度为50%。

追溯到2015年，这两个项目已躺在在建工程里，虽然金额发生了些许变化，但整体占比依然非常高，近90%，其中"太阳能电池基板及LOW-E玻璃项目工程"完工进度99%，"宁夏金晶玻璃生产线"完工进度20%；2014年的财报里，这两个项目占比70%以上，其中"太阳能电池基板及LOW-E玻璃项目工程"完工进度98%，"宁夏金晶玻璃生产线"完工进度15%；2013年，"太阳能电池基板及LOW-E玻璃项目工程"就已经在在建工程了！

在长达五年的时间里，巨额的在建工程没有完全转资，甚至在年报里体现出一年完工进度不到1%的可疑情况。如果这9亿元左右的在建工程部分符合固定资产标准，也就是相当一部分资产没有计提折旧——假设2015年底已经完工98%的在建工程在2016年已经完工并转入固定资产，我们参照其他固定资产折旧情况，可计算出该公司平均折旧率约是10%。按此标准计算，2016年需要计提的累计折旧有9000万元，其利润一下子从盈利3975万元变成亏损6000多万元。

这样的假设是否可能呢？我预设"有罪"的方式是否不合理呢？很遗憾，我们不是审计机构，也不是税务部门，看不到该公司的账本和凭证，但是，连续四年的报表数据的背后其实已经非常接近真相了。

查阅了该公司历年的公告，在2015年1月30日，金晶科技发布2014年度业绩预减公告，称"经财务部门初步测算，预计2014年度实现的归属于上市公司股东的净利润比上年同期减少50%以上"。上交所为此向其发布了监管函，对此，金晶科技方面称，出现上述问题主要是由于公司管理层在在建工程转为固定资产的确认时点、联营公司年报审计调整、补提存货减值准备等方面与年报审计师的判断不一致。

由此可见，通过调整在建工程转固定资产的时间点来调节利润，金晶科技早有前科。

2.5.2 从电脑业务到房地产业务的中国长城

我曾经有一台办公电脑，显示器上"GreatWall"的标志非常耀眼，长城电脑也是当年国产品牌电脑的翘楚。所以当打开中国长城的年报，我看到这家电脑公司竟然成了商业地产开发商的时候，还是大跌眼镜的。

一般情况下，科技类公司都是相对轻资产，同类的浪潮信息在2016年年报中只有不足500万元的在建工程，同期净利润2.9亿元；而中国长城在2016年年报里有高达8.9亿元的在建工程（2017年季报更是有14亿元在建工程），与当年3300多万元的净利润相比，这个数值太高了。

年报的重点在在建工程附表里，7.2亿元的"中电长城大厦"占在建工程的90%以上，2016年年报中的工程进度为35.41%，2015年的年报中的工程进度为30.4%，而2014年的年报里，"中电长城大厦"的完工进度却是43.35%。

这组前后矛盾的进度数据让人丈二和尚摸不着头脑，2015年比2014年的完工进度还要低，2016年只比2015年增加了5%的完工进度（这是在"中国速度"的深圳啊）。这些明显不合逻辑的进度变化数值或许勉强可以用修改设计方案来解释，但是，我们在百度"中电长城大厦"的时候，却不小心搜到了中国长城官方与股民的对话，声称这栋大楼将在2018年竣工验收。那么按照这个进度，财报上2016年底35.41%的完工进度其实是有问题的——四年完工刚刚1/3，还有不到两年就要竣工了？是否按照真正的完工进度及时转资了？当期是否少计提折旧，虚增了利润呢？

在2016年的年报里，该项目已经资本化的利息高达8669万元（当年资本化利息3490万元）。怎么看，当年的盈利都值得怀疑呀！

2.5.3 一半资产都是在建工程

利源精制是一家生产销售铝合金精密加工件、铝型材深加工部件的企业，属于典型的制造业行业。该公司连续三年盈利，2016年利源精制营收25.6亿元，净利润5.5亿元，2017年一季度净利润也过亿元，是一家盈利能力非常强的公司。目前国家提倡"脱虚向实"，这种业绩好的上市公司自然受投资者的青睐。

但是，这家总资产121亿元的公司，竟然有60.5亿元的在建工程，一半的资产为在建工程，资产的配比非常奇特。仅从报表数据看，这样的数值是非常不合常理的。而在年报上，这么重大的事项仅有一句话概括：在建工程增加是因为公司在沈阳新厂房开工建设的轨道车辆制造及铝型材深加工项目投入所致。

按照年报披露要求，重大的在建工程应该列出比较清晰的明细项目，便于投资者进行判断。利源精制却只用简单的一行数字列出其一半资产，即便是报表上的盈利水平很好看，这样的在建工程也会让人忧心忡忡：天价的在建工程里，是否有实际已经达到转资标准的，是否有本来就是固定资产的（比如电脑、办公设备），这里头又隐藏了多少少提的累计折旧呢？

在迷雾重重的A股市场里，投资者不仅需要学会并了解基本的财务知识看懂财报，还需要擦亮眼睛，不断充实自己的各种知识体系，从各种角度分析是否存在"地雷"，因为部分事务所并没有起到应尽的责任。

2.6　长期股权投资——企业经营的方向盘

有一年秋天，我奉命去孔子故里——山东曲阜，参与收购一家公司的业务。因为相关手续都已经处理完毕，无非就是接收一下账本、盘点一下资产。

到了公司，我和刚刚上任的经理才寒暄两句，经理办公室里却不断传来砸东西的声音。经理苦笑着说，在那里耍酒疯的是原来的老板，合同生效的第二天，我们竞争对手的出价是我们收购价的两倍。自认为少赚了上亿元的他自然不甘心，就隔三岔五过来砸办公室。我点点头表示理解，拿起签字笔，把被砸坏的固定资产在盘点表上画了叉号。

这家公司的经营范围和地理位置非常重要，对我公司的业务发展具有战略性的意义，所以才会出现竞争对手不惜代价收购的情况。

在企业经营过程中，收购、参股是常见的投资方式，体现在资产负债表里，就是"长期股权投资"。而上市公司的长期股权投资，经常会有两种极端情况：一是业绩非常好的企业在主营业务领域不断扩张的结果，二是业绩比较差的企业用来"修饰"利润的工具。

2.6.1　长期股权投资体现了企业的投资导向

众所周知，巴菲特的伯克希尔—哈撒韦公司是一家注重价值投资的公司，几十年来，从一个默默无闻的纺织厂变身为全球著名的综合投资集团，如今已成为世界上市值最高的公司之一，位列世界五百强第八名。伯克希尔—哈撒韦公司的核心业务就是做投资。

目前 A 股市场还没有巴菲特式的投资家出现，但是有不少公司在模仿伯克希尔—哈撒韦公司。

根据 Wind 数据，长期股权投资在资产总额中占比最高的是中国中期，长期股权投资的金额为 5.4 亿元，占总资产比例超过 75%，但是通过其 2016 年年报，我发现它的投资对象很专一，仅有"中国国际期货有限公司"。由此可见，中国中期实质上是一家以投资中国国际期货为主的空壳公司。

川投能源的长期股权投资在 2016 年年报中有 196 亿元，在总资产中占比 73%，川投能源投资了四家公司：长飞光纤光缆四川有限公司、新光硅业公司、雅砻江公司、四川川投售电有限责任公司。从经营范围看，这四家企业都与能源电力息息相关。

最近，央企混改概念频繁受到炒作，在腾讯、阿里等民营巨头参与央企混改的时候，我们时不时会发现有一家央企频频参与各央企混改，它就是中国人寿。2016 年的年报中，中国人寿长期股权投资余额竟然有 1198 亿元，它投资了广发银行、远洋集团、人寿财险、中粮期货、中石化川气东送等公司。虽然投资的公司数量不多，但中国人寿的投资风格倒是与巴菲特有一拼。

A 股巨头中国石化的长期股权投资余额为 1168 亿元，参股了福建联合石化、扬子巴斯夫、中天合创能源公司、中航油等能源相关企业，从中我们可以了解到这家公司的投资方向专注于化工能源。

中国石油的长期股权投资也有 790 亿元之多，与中国石化类似，投资的企业以石油化工类为主。除此之外，由于中国石油是重资产企业，它还投资了保险公司进行资产保全。

Tips：透过上市公司投资的企业清单，我们可以窥探出这些企业的经营风格：除了金融保险类上市公司的投资方向比较复杂，通常情况下，效益良好的企业，长期股权投资的方向都比较单一，与自己的经营范围保持高度相关性；反之，凡是在投资方面"跨界"过多的上市公司，大多有着并不单纯的目的。

2.6.2 长期股权投资的成本法和权益法

在阅读年报里的长期股权投资的时候，我们会发现在长期股权投资项目后面，会有"成本法"或者"权益法"的备注。这两种方法是什么意思呢？

根据《企业会计准则第2号——长期股权投资》的要求，公司对被投资企业是否有控制权，决定了使用成本法核算还是权益法核算。

成本法，公司能够对被投资单位实施控制的长期股权投资，在母公司财务报表中采用成本法核算。控制，是指拥有对被投资方的权力，通过参与被投资方的相关活动而享有可变回报，并且有能力运用对被投资方的权力影响回报金额。一般情况下，控股50%～100%被认为有控制权。在成本法核算下，被投资单位宣告分派的现金股利或利润，被公司确认为当期投资收益。

权益法，对被投资单位具有共同控制或重大影响的，长期股权投资采用权益法核算。一般认为，持股20%～50%属于有重大影响，但低于20%也有可能属于重大影响，比如有派出人员、高管、行业影响等。采用权益法时，取得长期股权投资后，公司按照应享有或应分担的被投资单位实现的净损益和其他综合收益的份额，分别确认投资损益和其他综合收益并调整长期股权投资的账面价值。

对于普通投资者来说，无论使用哪种方法进行核算，对企业基本面的判断都没有太大影响。但是一旦企业出现了会计政策变更，比如同一笔长期股权投资，本来是成本法核算，却改为了权益法核算，那投资者就要小心了。

随着许多上市公司经营亏损的扩大，这种会计政策的变化已经无力挽回亏损，所以更多的企业采取了简单暴力的方法：出售长期股权投资获取投资收益来弥补巨亏。

2.6.3 如何利用长期股权投资调节利润

根据 A 股年报数据，2016 年投资收益超出净利润的有 231 家企业，超出一倍以上的有 123 家。其中有相当一部分是近年来效益不佳，实际经营并无改善，而是靠巨额的投资收益挽救了净利润。

2015 年以前，ST 明科的长期股权投资里有做煤矿的泰山能源和做房地产的丽江德润，一家自称科技公司的卖烧碱和电石（据 2016 年年报，该公司 85% 的营收来自烧碱和电石）的企业投资跨度这么大是为了什么？

ST 明科 2016 年净利润 1502 万元，其经营利润却是亏损的，盈利主要是靠出售长期股权投资获取的收益 5052 万元，接盘企业是天天科技。ST 明科为"明天系"旗下企业，而天天科技的重要股东是游久游戏，该游戏公司曾被曝与"明天系"关系深厚。有意思的是，同样的手法，ST 明科在 2015 年也操作过一次，将丽江德润 100% 股权出售给海纳宏源。

2016 年净利润只有 3616 万元的美邦服饰，也是采用了舍车保帅的方法，通过出售股权投资实现了 5.7 亿元的投资收益，才保住了利润为正数。

可见，通过"老朋友"收购具有退市风险的上市公司的长期股权投资，然后为上市公司贡献巨额利润，确保上市公司利润无忧，是某些效益不好尤其是濒临退市的公司的调节利润手法。

2.6.4 长期股权投资的特例：债转股

在长期股权投资的实际操作中，一直以来就有一个特殊操作：债转股。2016 年 10 月 10 日，国务院出台《关于市场化银行债权转股权的指导意见》（以下简称《指导意见》），对债转股进行了规范性指导。这个《指导意见》的核心内容是：鼓励金融资产管理公司、保险资产管理机构、国有资本投资运营公司等多种类型实施机构参与开展市场化债转股。言外之意，不鼓励银行直接参与债转股。

1. 借道第三方资产管理公司发行基金实现债转股

以武汉钢铁（集团）公司为例，2016年10月11日（《指导意见》发布第二天），武汉钢铁（集团）公司（以下简称武钢集团）与建设银行（以下简称建行）共同设立的武汉武钢转型发展基金（合伙制）出资到位，基金规模120亿元。

按照方案，武汉武钢转型发展基金共两只，将分阶段设立，总规模240亿元，用途主要是帮助武钢集团降低杠杆率，降低财务成本。首期武汉武钢转型发展基金（合伙制）由建行与武钢集团共同设立。该基金的合伙人结构是建银国际与武钢下属基金公司，资金来源是建行理财资金和武钢集团自有资金。因为《指导意见》不允许银行直接操作债转股，所以建行采用"子公司设立基金"模式，这样一方面可以隔离风险，另一方面也可以更好地将债转股的利益保留在本行体系内。

截至2016年上半年，武钢集团资产总额为1724亿元，总负债为1272亿元，其中流动负债高达1067亿元，资产负债率为73.7%。预计通过基金降杠杆措施，资产负债率降低约10个百分点，至行业平均65%的负债率。武钢集团旗下有上市公司武钢股份，武钢集团将与宝钢集团合并。

武钢集团和建行出资比例为1∶5，即武钢集团出资20亿元，建行募集社会化资金100亿元，通过分阶段设立两只总规模240亿元的转型发展基金。转型发展基金资金用途包括部分直接投资武钢集团子公司股权，也包括承接武钢集团到期债务，也就是说基金的用途之一是进行债转股，债转股的债权是银行贷款。

武钢集团的债转股主要是通过股权基金化实现的，因此退出方式主要是投资的子公司未来上市或者装入主板的上市公司中，通过二级市场退出或者通过新三板、区域股权交易上市等方式退出。此外，建行与武钢集团签订远期回购协议，双方约定，如果未来管理层业绩达不到预期，国企集团将对股权进行回购，建行方面由此退出。

建行通过该项操作将债权变成了股权，大大降低了风险，而武钢集团借此盘活了资金，减轻了偿债压力，皆大欢喜。

2. 直接将股东的欠款债转股

另一种比较典型的债转股方式是中国一重，2016年10月12日（《指导意见》发布第三天），中国一重发布公告声称，公司控股股东中国第一重型机械集团公司于近日收到国务院国资委下发的《关于中国第一重型机械股份公司公开发行A股股票有关问题的批复》。根据定增预案，中国一重拟以每股4.85元的价格，向公司控股股东一重集团非公开发行31 978.29万股，募集资金总额15.51亿元，将全部用于补足公司因偿还一重集团委托贷款和往来款15.51亿元所形成的资金缺口。一重集团将以现金方式认购本次非公开发行的全部股份，认购资金来源为各部委历年下拨的资金。

中国一重没有经过任何第三方，直接将对一重集团的欠款变更为股权，一重集团账面上的应收账款摇身一变成了长期股权投资，这样的债转股方案操作简洁明快。

总之，读懂了财报里的长期股权投资，就读懂了这家企业的经营方向，报表里的数据会告诉投资者：是专心致志地在本企业擅长的领域施展拳脚求发展，还是做一些让人看不懂的眼花缭乱的投资来保壳？

2.7　看不见的生产力——无形资产

十几年前，我刚刚大学毕业参加工作的时候，无意间发现公司的账面上有无形资产。因为学校的专业课对这一部分讲解得很简单，好奇心爆棚的我，从报表查到账簿，再从账簿找到凭证，最后发现原始凭证竟然是购买手机的发票。我咨询了做账的同事，说是因为给公司高管配的手机价值比较昂贵（当时高档手机一部要数万元），而手机随身携带并没有固定在公司，所以入固定资产不合适，就放到无形资产了，分十年摊销。

如今，手机的价格已经跌落到几千元甚至几百元，进入寻常百姓家，公司的无形资产账簿里再也没有这些奇奇怪怪的东西，取而代之的是土地使用权和科技创新带来的知识产权。

什么是无形资产呢？无形资产是指用于生产商品或提供劳务、出租给他人或出于管理目的而持有的、没有实物形态的、使用年限超过一年的非货币性资产。

通过这个定义我们可以看出，无论多少钱，手机放在无形资产中其实是不合适的。无形资产一般包括专利权、商标权、非专利技术、著作权、土地使用权、特许权、租赁权等。无形资产的突出特性在于没有实物形态，它只表明公司拥有一种法定权利，或者是企业的专利或技术。

几十年来，发达国家的企业发展方向由资本密集型向知识密集型经济转变，无形资产在总资产中的比例代表了企业科技化、现代化的程度。

2.7.1　A股上市公司无形资产的总量和比例

据Wind数据统计的2016年年报，沪深两市剔除金融行业后，在3200多家上市公司中，仅有34家账面上没有无形资产。无形资产总额从2007年的3014亿元增加到2016年的23 167亿元，说明无形资产越来越受中国企业重视。

但是，从占总资产比例来看，国内上市公司中无形资产占总资产平均比例为4.81%（不含金融行业）。而美国的企业，无形资产占总资产平均比例为20%左右。相比之下，我国企业的无形资产占总资产比例较低，代表着核心竞争力严重不足。

从无形资产占比来看：楚天高速、皖通高速、四川成渝等高速公路企业占比最高，比例均超过60%，其中楚天高速的无形资产占总资产比例高达83.51%。

从无形资产总额来看，中国交建、中国石化、中国石油等巨无霸金额最大。中国交建的无形资产为1483亿元，中国石化和中国石油（"两桶油"），也均超过700亿元。

单从数字看，这些坐拥巨额无形资产的企业，似乎具有更强的科技竞争力，但是我们将年报中的无形资产拆解开来看，就是另外一回事了。

2.7.2　无形资产的含金量

一般情况下，公司无形资产以知识产权为主，许多投资者也会想当然地这么想：无形资产高的企业一定会有更强大的技术能力。然而，就算是拿出A股上无形资产比较高的公司来分析，我们也会发现高额的无形资产并不一定代表了企业的科技含量高。目前上市公司的无形资产中，土地使用权、许可经营权等非科技类的无形资产占据主流。比如楚天高速 74 亿元无形资产中绝大多数为土地使用权和道路收费权，软件技术仅有 247 万元，不足无形资产总额的 3‰，中国交建 1483 亿元无形资产中基本为道路使用权。

因此，从无形资产的实际内容来看，A 股公司更多的是并没有多少技术含量的土地所有权、特许经营权等无形资产，国内上市公司的无形资产整体"含金量"并不高。

从个股来看，也有一部分公司的无形资产含金量是比较高的。比如中兴通讯、中国石化、中国石油、京东方 A 和比亚迪等公司知识产权金额比较大，也是上市公司中专利数量最多的几家。事实上，这些公司在国际市场上也具有非常强的竞争力。因为油价过高饱受诟病的"两桶油"，其实在默默地进行着技术革新，在油田开采、炼化等方面，把许多以前只能高价进口的技术设备国产化，价格做到最低，并进军海外市场。在页岩油方面，打破了美国的技术垄断，在国家能源安全方面做出了突出的贡献。而中兴通讯、京东方 A、比亚迪等公司，更是把产品和技术大量地销售到了国外，并在部分领域保持国际领先。这些技术实力，都体现在它们年报中的无形资产里。

2.7.3 无形资产对科技公司的重要性

Tips：随着科技的进步，知识产权的重要性不言而喻。而知识产权正是无形资产的核心组成部分，与重资产的传统企业相比，信息技术企业理应有更高比例的无形资产。

有关机构对全球十大 PC 制造商进行了统计，苹果公司的营业收入仅占全行业的 7%，但其经营利润却占到了全行业的 35%。这一差距的主要原因就是苹果公司拥有独特的无形资产，主要就是专利。再比如港股上市的腾讯控股，无形资产占总资产比例近 10%。如今的腾讯已不是那个靠"山寨"度日的"企鹅"了，通过收购和内部研发掌握着大量知识产权，并将其变成了产生利润的驱动力。

但是在 A 股上市公司中，信息技术板块的无形资产占总资产的平均比例竟然只有3.09%，甚至低于A股平均值。由于国内信息技术龙头企业腾讯、百度等公司均在中国香港或美国上市，可见A股市场的信息技术公司整体科技含量比较低。美国的高科技公司，无论是无形资产的绝对金额还是占总资产的比例都比较高，尤其是无形资产的构成，大多以专利、非专利技术等知识产权为主。

在A股市场中，无形资产占总资产比例最高的信息技术公司是纳思达、晓程科技和乐视网。根据2016年年报显示，纳思达146亿元的无形资产中真正的知识产权含量并不高，有62亿元为客户关系、36亿元为商标权。晓程科技40亿元的无形资产中，有34亿元为收购的加纳BXC公司的资产。乐视网69亿元的无形资产中，有51亿元为影视版权——当然，这些版权后来的下场众所周知。

无形资产为零的信息技术公司是生意宝和中电广通，令人很难想象没有专利技术、知识产权的科技公司是如何在市场上立足的。

从板块来看，医药、生物制造板块无形资产分行业最高，平均比例达5.02%。

占总资产比例最高的医药生物制造公司是启迪古汉、金河生物和济民制药。我原以为启迪古汉这样的医药公司会持有高端的医药专利技术，打开年报却发现1.7亿元的无形资产几乎全部是土地使用权。济民制药与启迪古汉类似，无形资产也是以土地使用权为主。不过，金河生物的无形资产却是生物科技公司的典范，7.2亿元的无形资产中，60%以上为行业领先的生物制药研发和生产技术，其年报中的介绍也证实了其科技创新能力：这家主营为兽药的公司高度重视研发，拥有自治区级的研发中心、博士后工作站，为充分吸引高端人才，在北京建立有现代生物学实验室；与中国农大、华中农大等知名高校、科研院所、行业企业签订了一系列技术合作研发和技术转让协议。该公司还收购了美国的一家兽用疫苗公司，并将其16个已经通过美国农业部批准的产品纳入麾下。

通过对上市公司无形资产统计数据的分析，我们可以看出当前高科技企业的资产结构仍然没有摆脱传统经济的特征。这并不符合知识经济时代的特点，我国的产业转型还有很长的路要走。

2.7.4 投资者的选择

在了解了上市公司无形资产的现状后,投资者可以根据自己的投资兴趣进行筛选。当前环境下,具有成长性的中小板企业是散户投资者们比较追捧的。在选择这类股票时,我们不要被其华丽的名称(如做化肥的某某智能、做房地产的某某高科、做烧碱的某某科技等)所迷惑,认真看一下年报里的无形资产里面是足以支撑起未来业绩的领先行业的自主知识产权,还是土地使用权,抑或是这家公司压根就没有多少无形资产。

如今,中国的 GDP 总量已经成为全球第二,仅次于美国。中国产品的科技含量也在不断提升,国家提倡企业转型,从"中国制造"到"中国智造"。这个转型过程的引擎就是企业的创新能力,但是从投资方向来看,当前的经济增长更多的是通过固定资产投资拉动的,所以在上市公司中,重资产的传统企业仍占大多数。

无形资产正是反映企业技术创新能力、市场竞争力和可持续发展能力变化与趋势的核心指标,国内上市公司的无形资产的相关数据说明了我们技术能力的欠缺。近年来,我国电子业和信息技术业正面临着制造能力上升迅速,但技术能力提升缓慢的困境。缺乏核心技术已经成为限制行业发展的瓶颈,提高技术创新能力、掌握自主知识产权是走出这一困境的唯一途径。科技兴国,任重道远,我们在路上……

2.8 商誉:初看很美

2017 年 4 月 29 日,美的集团发布第一季度季报,在营收大涨 55.85% 的情况下,净利润只增长了 11.4%。由于业绩提升,在投资者的热情加持下,股价持续上扬。

但是,其季报里有一段容易被忽视的话,与净利润增幅过低有关:公司聘请国际专业评估机构对并购项目资产进行评估,并按会计准则的要求对资产溢价进行了摊销,2017 年第一季度确认摊销费用 6 亿多元,剔除并购资产溢价摊销影响,公司净利润同比增长 22%。

2.8.1 美的集团巨额商誉的产生

可见资产溢价的摊销大大拖累了美的集团的净利润增长率，然而稍微有点财务知识的读者朋友可能立即起了疑心：企业合并的溢价是应该做到商誉的，而根据会计准则的规定，商誉只能到年底的时候进行减值测试，可以根据测试结果每年处理一次减值准备，平时不做账务处理。

商誉是一种特殊的企业资产，是收购企业时的溢价，按照会计准则，它只在企业合并时产生。作为没有经过会计知识学习的普通投资者，如何理解商誉并看清其中的"地雷"呢？

举个简单例子，小帅家的馄饨店开了几年，总共投入了50万元，由于做得好吃口碑不错，被隔壁的包子铺看上了，经过双方友好协商，包子铺的老板出资80万元收购了馄饨店，这多出来的30万元溢价，就是商誉。包子铺老板多花这30万元，值得吗？由他经营后，馄饨店还能保持小帅家经营时的口碑吗？

按照会计准则要求，商誉是不得摊销的，那么美的集团摊销的是什么呢？我找到了美的集团（以下简称美的）一段含糊其辞的答复：出于谨慎原则，美的希望做稳健会计处理，因此收购库卡公司资产，没有全部做成商誉。剩余部分公司聘请国际专业评估机构对并购项目资产进行评估，并按会计准则的要求对资产溢价进行了摊销。是否摊销是从资产购买之日起界定的，以后就是正常的会计政策处理了。库卡公司的收购价格中包含了部分当年未实现收入的订单。

在美的集团2017年半年报中，我们找到美的集团新增库卡公司（以下简称库卡）商誉220亿元，剔除汇率影响是209亿元，而美的收购库卡的价格是292亿元。不考虑汇率影响简单计算，差不多有83亿元的差额没有列入商誉。从2017年半年报资产负债表的变动情况看，无形资产比2016年年报增加了137.49%，约90亿元。收购库卡公司其余的资产溢价十有八九被美的集团的财务部放到了无形资产中，按照会计准则，无形资产是可以进行摊销的，2017年中报的无形资产摊销金额为14.8亿元，应该主要是由于收购库卡公司资产溢价的摊销所致。至此，我们理清了美的集团含糊其辞所谓的"资产溢价"的实际列支情况。

我们从美的集团的无形资产摊销金额可以粗略判断出收购库卡公司是否划算。

一季度库卡公司为美的集团贡献利润 1.96 亿元，而一季度美的集团摊销资产溢价就要 6 亿元，全年摊销资产溢价就要 24 亿元，这 24 亿元都是实打实地减少利润。而这仅仅是进入无形资产的那部分（83 亿元左右），由于还未到年底，收购库卡公司产生的资产溢价的大头——200 多亿元的商誉还没有进行减值测试！商誉减值测试后，想必还会产生巨额的减值准备，从而严重影响净利润。从账面上看，这真是一笔不太划算的买卖啊！

美的集团为什么如此执着地收购库卡公司呢？

2.8.2 渐入瓶颈的营收

作为一家优秀的民族企业，早在 2010 年，美的集团的营收就突破了 1000 亿元大关，2011 年更是达到了 1341 亿元，在收购库卡之前的 2015 年，营收为 1384 亿元。近年来，由于全球经济增长乏力、国内经济增长放缓、原料价格大幅上涨、汇率波动加剧，家电产业处于持续的创新变革与整合转型之中。新经济环境之下，从 2011 年至 2015 年，美的集团五年期间营收增幅只有 3%，可见其经营进入了瓶颈期，面临巨大的营收增长压力。（参见图 2.10。）

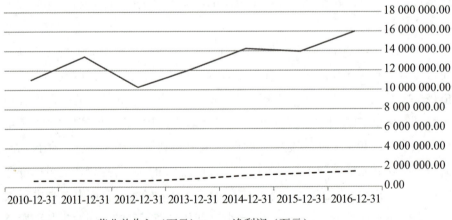

图 2.10　美的集团近七年营业总收入和净利润变化曲线

与国内同类家电企业巨头大多拥有一个拳头产品不同，美的走的是多元化发展的道路，没有特别突出的偏科项目，也导致美的没有什么能够拿得出手的顶尖产品。在空调领域，格力独步天下；在洗衣机领域，海尔独领风骚；只有电饭煲、电磁炉等小家电领域，才是美的擅长的，不过这些产品门槛低，客户忠诚度不高，毛利率也上不去。

为了打破发展的瓶颈，在产品多元化的同时，美的并购步伐也越来越大，收购库卡公司之前，美的吞掉了东芝。

2016年3月30日，美的集团发布公告称，经交易双方协商一致，美的拟以自有资金约537亿日元（约合4.73亿美元）收购东芝所持白色家电业务80.1%的股权。美的将获得东芝品牌40年全球授权，以及超过5000项家电相关专利，还有东芝家电在日本、中国、东南亚的市场、渠道和制造基地。同时承接东芝家电约250亿日元（约2.2亿美元）债务。东芝曾经是全球家电行业的巨无霸，如今被年轻的美的收购，确实让我们感受到了中国的强大，也看到了美的在摆脱瓶颈方面做出的努力——东芝品牌在亚洲被广泛接受。这桩生意带给美的最大的好处就是获得了日本和东南亚市场。

尘埃未定，美的又把手伸向了机器人领域。在2016年年初，美的出手持股17.8%的安徽埃夫特，这家公司是奇瑞汽车生产线所需要的机器人供应商。2016年5月，美的大手笔收购库卡公司。

2.8.3 美的不惜代价要买的库卡是一家什么公司

美的集团收购库卡公司后，将企业的发展战略改为以"成为全球领先的消费电器、暖通空调、机器人及工业自动化科技集团"为战略愿景。可见生产机器人的库卡公司对于美的的重要性，库卡公司有什么能耐呢？

作为工业4.0的代表性国家，德国的机器人自动化技术炉火纯青，而库卡公司就是其企业中的翘楚。在2017年的汉诺威工业博览会上，德国总理默克尔还特地去库卡展台观看机器人做拼图。全球四大机器人公司中，库卡公司榜上有名。库卡的客户遍布全球，在高端领域具有巨大优势，北美的最大客户是洛克希德·马丁，生产F35战机的机器人就出自库卡。

一方面，美的本身就是机器人的重度使用客户，目前美的集团自动化率超过 17%，在营收增加的情况下，员工总数从高峰期的 19.6 万人降低到 2016 年底的 12 万人；另一方面，美的期待通过库卡实现战略转型，正如美的集团副总裁顾炎民所言，在全球工业 4.0 发展浪潮中，中国企业具有自身优势。虽然目前很多中国制造业企业甚至没有完全完成工业 3.0 的进程，但他们有可能在工业 4.0 进程中"弯道超车"。像美的这样的企业拥有巨大的市场和制造业规模优势，如何将这种优势与库卡等工业 4.0 企业提倡的"柔性化"生产方式相结合，给中国消费者提供多层次、多价值的个性化产品，既是挑战，也是机遇。

2016 年 5 月 19 日，美的集团发布公告，宣布拟通过要约收购的方式收购库卡集团（KUKA，KU2.DE），美的计划以每股 115 欧元的价格向库卡股东发起要约，这一价格较库卡前一日股价溢价约 36%。按 115 欧元的收购报价，库卡的市盈率（PE）为 48 倍，而机器人四大家族中的另外三家在 5 月 18 日的 PE 分别为：瑞士 ABB（NYSE：ABB）15.44 倍、日本发那科（Fanuc，TYO：6954）19.92 倍、日本安川电机（Yaskawa，TYO：6506）15.09 倍。可以说，为了收购库卡，美的不惜一切代价。

2.8.4 对短期业绩的预期影响

2017 年上半年，库卡机器人业务收入同比增长 34.9%，并持续获得新的订单资源，订单增长 16%。据 2017 年半年报，机器人业务营收为 130 亿元，已经占美的集团营收的近 1/10，不过毛利率并不高，只有 14.7%，远低于美的集团全部产品的平均毛利率 26%。虽然从长远看机器人业务是非常具有潜力的，依托于库卡的技术在中国建设机器人组装工厂，可以给美的的多元化业务带来质的飞跃，但是库卡公司短期内带给美的的营收和利润都比较有限。并且由于收购库卡分两部分入账，对季报、半年报数据的影响和对年报数据的影响程度是不一样的。

Tips：按照会计准则的要求，年底会对商誉进行减值测试，当被收购的库卡公司短期内无法达到预期收益时，就要面临计提减值并抵减利润的风险。商誉越大，计提减值后对利润的影响也就越大。

一方面，巨额的商誉减值，将会对业绩带来巨大压力，导致美的集团可能在未来无法实现预期的业绩，导致公司股价波动；另一方面，商誉减值，从某种意义上说明对应的并购行为是失败的，预示着过去花在并购上的资金在未来无法正常收回。

上市公司披露的季报和半年报是未经审计的，因此显示的经营业绩只能供参考，只有经过审计的年报披露后，才能准确判断对业绩的影响。从已经披露的库卡公司当前的经营情况看，很大概率上不能实现足够的营收和利润，很可能面临计提巨额的减值，从而降低利润。

因此，美的集团收购库卡公司所产生的大额商誉，对公司2017年的业绩影响充满了较大的变数，作为投资者应谨慎对待。

2.9 借款迷雾——短期借款和长期借款的区别

拿破仑说，不想当将军的士兵不是好士兵。那么，会计的最高梦想是什么呢？2016年，有一个小会计出身的CEO说："为梦想窒息吧！"这样激情四射的口号好耳熟，没错，他就是乐视网的CEO贾跃亭。他毕业于山西省财政税务专科学校，第一份职业就是会计。

乐视网的财报已经被各种研报拆解得体无完肤，无论是营收还是利润，无论是应收账款还是关联交易，都被事后诸葛亮们一遍遍地推演，论证这家公司其实早就出了问题，当初拥有硕士、博士、"圣斗士"学历的机构分析师们标注的买入评级都是错的。

我们无法乘坐时光机回到过去审视当时疯狂的投资者，但是可以从事后的报表管中窥豹，避免投资的时候选中下一个乐视网。

我经常给炒股的朋友灌输一个道理，炒股软件的F10是不可靠的，因为这些数据是可以伪造的。如果想要了解一家公司的真实财务情况，一定要看完整财报，哪怕只用十分钟。乐视网是典型的通过修饰F10的数据来换取信任的类型，只要认真阅读其年报，就会发现很多自相矛盾的疑点。我们仅从其短期借款和长期借款的情况来分析下乐视网存在的问题。

小帅有100万元银行存款，看存款余额也是百万富翁啊。能仅从存款余额得出他小日子过得不错的结论吗？那不一定，对于大多数人来讲，手头现金充裕的情况下，必然会优先偿还一些借款，免得压力过大。但是小帅花钱大方，入不敷出，还有80万元一年内要偿还的银行贷款（短期借款），120万元一年后要偿还的借款（长期借款）。所以，拿着100万元的现金并不好过，他必须想办法再去筹钱还账，还要勒紧裤腰带过日子。

2016年的乐视网，就是这种光景。

2.9.1 短期借款和长期借款的优劣

乐视网2016年的年报上有29亿元现金，乍一看手头还是很宽裕的。但是还有26亿元的短期借款以及30亿元的长期借款，偿债能力就比较可疑了。现金和借款同时巨大的时候，这家公司的财报就需要认真看了，因为这是极其不合常理的。

在年报附录中，货币资金的明细栏的29亿元货币资金中有21亿元是受限或者被冻结的，由于这些钱不能花，乐视网只能继续举债度日，从而体现在账面上有大量的短期借款和长期借款。

短期借款和长期借款有什么区别呢？最简单的判断标准，就是还款期限。还款期限一年内的为短期借款，一年以上的为长期借款。简单来看，似乎二者只有年限和利率的不同，没有其他本质区别。但是实际上二者的区别是很大的，因为两种借款方式的时效是不同的，对企业现金流的影响也是完全不同的。

我们举一个浅显的例子说明：

股民小帅用汽车作为抵押物的半年消费贷款到期了，他因为手头紧张还不上，银行二话不说通过法院查扣了他的车。同时小帅的25年房贷属于长期借款，银行却没有马上没收他的房产，所以他还有地方住。小帅一边找亲朋好友借钱一边感慨，原来长期借款虽然利息高，但是安全呀。

这也正是巴菲特格外小心避免短期借款的最主要原因。金融危机之后，巴菲特在2010年年报致股东的信中，特别反思了短期借款带来的巨大风险：

"财务杠杆对企业也可能是致命的。背负巨大债务的企业经常设想,负债到期时,自己肯定能够再融资而不用全部还本付息。这些假设经常是合理的,但是,在一些特别情况下,或者是由于企业自身出现特别问题,或者是全球性的贷款短缺,到期债务必须还本付息。而这时,只有现金才管用。"

短期借款最大的优势是利率低,许多经营形式尚可的 A 股公司热衷短期借款,并通过不断滚动还款实现了实际上低利率长期使用借款的效果。但是市场很难揣摩,企业的经营情况瞬息万变,一旦遇到难以预料的情况,短期借款就成了灾难。短期借款最重要的特点是期限很短,有时甚至是对方通知就得马上还款。这意味着短期借款的债权人一旦发现借款公司出现困难,就可以要求马上归还借款。如果此时借款人不能够按照要求及时归还,就必须按照规定走司法程序。轻则冻结资产,重则走破产流程,债权人会把公司的资产全部变卖,在他们完成破产清算后,一分钱也不会剩给股东们。

2.9.2 乐视网的借款构成

借款分四种类型,分别是质押借款、抵押借款、保证借款和信用借款。

其中质押借款和抵押借款有些相似,区别在于质押物和抵押物的占有现状。抵押借款不改变其占有现状,仅作为担保,而质押借款则需要将相关手续和权利证明转移至银行。质押物的范围比较广泛,包括国库券、银行票据、知识产权、股权等。根据质押物的变现能力,最高质押率从 50% 到 90% 不等。

保证借款与信用借款有些相似,区别在于保证借款有抵押物或第三方作为担保人,而信用借款无须抵押物或担保人。信用借款的可借款额依赖公司经银行评估的授信额度。

我们再看看乐视网的借款。据 2016 年的年报,乐视网的短期借款有两种,分别是质押借款 9200 万元、保证借款 2.5 亿元。长期借款有一种,30 亿元均为质押借款。通过连续五年的年报数据可以了解到,2016 年以前,为了建设"生态链"而疯狂扩张的乐视网以一年内的短期借款为主,后来乐视网通过质押借款获得了巨额长期借款。(参见图 2.11。)

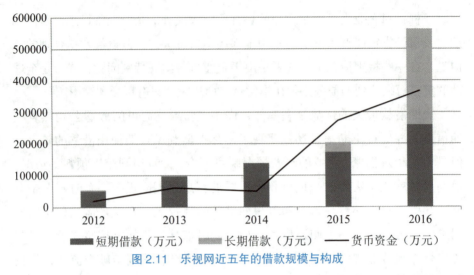

图 2.11 乐视网近五年的借款规模与构成

参考中国证券登记结算有限责任公司网站数据，截至 2017 年 4 月，乐视网股票质押量占总股本的比例达到 31.06%，质押笔数为 1363 笔。可见，乐视网的质押借款主要是靠股权质押借到的。

Tips：简单解释一下 A 股市场方兴未艾的股权质押业务，股权质押是指出质人以其所拥有的股权作为质押标的物而设立的质押。一般观点认为，股权出质后，质权人只能行使其中的受益权等财产权利，公司重大决策和选择管理者等非财产权利则仍由出质股东行使。

2016 年以来，A 股共进行股权质押 9181 起，涉及公司 1711 家。以逐笔质押计，质押参考市值 4.3 万亿元，数据表明，股权质押已经成为上市公司常用的融资手段之一。

股权质押的风险在于质押率、警戒线和平仓线。质押率是指股权质押融资资金和质押股权市值的比值，是质押融资时质押资产的折价率。对于流通股来说，通常主板股票质押率为 55%，中小板为 50%，创业板为 45%。质押率会根据交易期限、是否限售股等条件进行调整。股票质押回购有所谓警戒线和平仓线。警戒线一般为 140%～150%，平仓线一般被定为 120%～130%。当质押股票市值/借款金额≤警戒线，质权人要求资金融入方追加担保品。当质押股票市值/借款金额≤平仓线，资金融入方须于下一个交易日采取提前购回、追加担保品等履约保障措施，使得履约保障比例恢复至警戒线水平及以上。达到平仓线，且资金融入方无法提供相应的履约保证措施的，证券公司将向交易所提交违约处置申报，经交易所处理通过后，进行强制平仓处理。

根据 2017 年乐视网的半年报披露，短期借款中建设银行 5000 万元到期日为 6 月 22 日，截至 2017 年 6 月 30 日已逾期。

至此，乐视网的多米诺骨牌开始坍塌。由于短期借款还款日迫在眉睫，各金融机构开始向乐视网伸出了"魔爪"：招商银行首先向法院申请资产保全，冻结乐视网的资产；平安银行、建行跟进落井下石。据公开的信息，至少已经有五六家银行将与乐视网对簿公堂。

截至 2017 年 7 月，乐视网已遭遇法院支持的司法冻结超过 20 起，包括现金冻结、股权冻结和其他资产冻结。

通过以上对比可以了解到长短期借款的风险是不同的，在企业扩张期，经营一旦出现问题的时候，短期借款带来的风险非常巨大。而长期借款（从投资者的观点来看，这是最好的一类负债）的债权人就不能马上收回借款，无论借款人的经营情况多么糟糕，只要还在继续支付利息，就不会要求提前归还，长期负债给公司提供了走出困境的时间。

投资者在选择投资对象时，打开财报附注关注一下借款的构成是必不可少的功课。对于处于增长期的企业，有适度的借款是正常的，因为这有利于企业的经营发展。而且由于借款都要经过银行评估，尤其是信用借款，我们能从侧面了解到银行的风控委对该企业的评估情况。长期借款优于短期借款，信用借款优于其他借款。如果公司的短期借款比例过高，就要警惕：一旦公司的规模增长过快，在激烈的市场竞争形势下，一不留神的经营失误就有可能导致无法保证充裕的现金流，公司就会面临崩盘的风险。

2.10 三项债务

2.10.1 越不变越安全：应付账款

由于应付账款主要是企业的原材料采购等正常业务往来，所以在流动资产（货币资金、应收账款等变现能力较好的资产被称作流动资产）远大于应付账款的前提下，只要企业的应付账款的余额没有相对于往年发生重大变化，我们就没有额外关注的必要。

但是，如果应付账款的金额或者比例发生了重大变化，那就需要擦亮眼睛了，企业有可能通过应付账款调剂利润，"制造"业绩，从而换取投资者的信任并提升股价。

2015年的最后一日，山水文化发布公告称，欲核销1486笔应付账款，此举将增加公司2015年度净利润1301.74万元。

根据山水文化的公告，这些款项都已经超过了诉讼时效，但是核销选择的时间点却是其经营步履维艰连续两年亏损即将ST的时候。上证所为此向该公司连续发了三份问询函，要求做出详细解释。

企业因为业务规模扩大，在营业收入、货币资金和利润变化的情况下，应付账款同步变化是正常的，但像山水文化这种变化，几乎可以认定是为了修饰利润。

2.10.2 最幸福的负债：预收账款

从某种意义上讲，预收账款是最安全的负债。比较典型的行业是房地产业，客户交款后，按照现行的收入准则规定，此时房企收到的钱不能直接做收入，要放到预收账款，待交房（转移产权）后才能确认收入，因此房地产企业的资产负债率都比较高。许多供不应求的行业都有大量的预收账款，预收账款的指标越高，企业将来的盈利能力和盈利质量就会越好。

除非企业的生产能力出现问题，预收账款基本上不需要以货币资金的形式还给债权人。只要企业按照订单完成任务，预收账款将在未来的会计期间转化为收入，并最终体现为利润。因此，预收账款的多少实际上预示了企业未来的收入利润情况，当上市公司的财报公布后，如果发现预收账款金额大幅增加，那就大胆去投资吧，这意味着其产品或劳务竞争力增强，正是企业阶段性繁荣的体现。

2.10.3 最不清不白的负债：其他应付款

在企业的会计报表上，凡是带"其他"两个字的，都需要重点关注，无论是资产负债表中的其他应收款、其他应付款，还是报表附注的其他项目，这些项目往往成为藏污纳垢的垃圾筐。

什么是其他应付款呢？该科目只核算其他应付单位或个人的零星款项（是零星款项，不是大额），如应付包装物的租金、存入保证金等。但实际上，很多上市公司使用该科目进行利润调节。

根据 Wind 数据库，在 2016 年的 A 股年报中，超过 200 家企业的其他应付款在负债中的占比超过 30%，其中相当一部分甚至超过应付账款——这就比较可疑了，其他怎么能比正常业务还要多呢？

1. 洋河股份的应付经销商折扣

洋河股份的其他应付款远远高于应付账款，高达 48.68 亿元，其中 37 亿元为经销商未结算的折扣和保证金。同时我们也通过五年来的年报发现，在应付账款相对平稳的情况下，其他应付款长期保持高位，2014 年以来又有增加的趋势，该公司的其他应收款也远远大于应收账款。

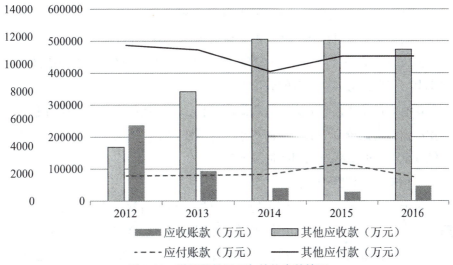

图 2.12　洋河股份近五年的往来款情况

这么看，有点不靠主业靠副业的意思。

其实更奇怪的是，37亿元的经销商的折扣和保证金（其中19.8亿元为折扣），如果实际上是营业收入抵减项的话，可以减少多少利润？所以就让我们搞清楚这些应付经销商折扣的来龙去脉，来看看这些折扣是不是真的是营业收入的抵减项。

洋河股份的折扣这么高有什么效果？实际上折扣的作用非常有效。简单讲，促进回款，增加收入。其他应付款里的折扣指的是洋河股份为了促使经销商尽快付款，而给予的销售折扣。洋河股份如此高额的折扣是其他酿酒企业所没有的，如此，必然会刺激经销商的积极性。钱是最好的反馈，也是最直接有效的激励方式，洋河的酒卖得快，收入增长得快也就顺理成章了。

举个例子说明洋河股份的其他应付款的处理方式：假设经销商购买了1000万元洋河大曲，洋河股份许诺给他15%的折扣＝150万元。洋河股份实际收到经销商的收入只有1000万元–150万元＝850万元，但是在年报上，洋河的营业收入却是1000万元，因为应该冲减收入的折扣150万元被洋河股份的会计人员放到了"其他应付款"，等到洋河股份"确认"付给经销商折扣后，才去冲减这部分利润。因此从本质上来说，这19.8亿元的折扣是需要抵减营业收入从而降低利润的。

2017年的半年报显示经销商的折扣已经累加到27.14亿元，宛如利润边上埋着的一颗不定时炸弹。半年报净利润有39个亿，但是冲减掉27.14亿元的其他应付款的经销商折扣，洋河的利润仅剩下11.86亿元。真如这样的盈利能力，还撑得起现在高调的股价吗？

其他应付款往往会成为调节利润的科目，当其他应付款大于应付账款并且在负债中占比较高的话，就需要小心这只股票了。因为这种情况下，其他应付款里很可能隐藏着利润的抵减项。

2. 梅安森的巨额个人借款

对于上市公司来说，最好用的负债莫过于银行借款，从安全性来讲，长期借款优于短期借款；从实用性来说，低利率的短期借款也不错。但是，总有那么一些上市公司，不去银行借款，却依赖其他方式借款，而这些借款在年报中，就会体现在其他应付款中。

比如梅安森，2016年年报中，2.15亿元其他应付款远远大于其5986万元的应付账款，其他应付款在全部负债中占比超过 55%，其中 2 亿元其他应付款是梅安森向实际控制人马焰的借款。

这种面向个人的借款是值得警惕的，因为通常情况下，上市公司找个人借款是融资下策。银行的风控管理体系为投资者做了很好的把关，如果一家企业不能如愿从银行获得足够的资金，那么它必然被银行认为存在还款风险。银行替我们发现了风险，作为投资者就需要格外留意。

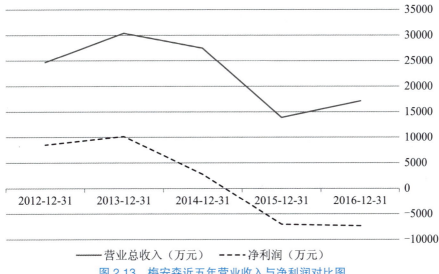

图 2.13　梅安森近五年营业收入与净利润对比图

根据 2012—2016 年年报数据（如图 2.13 所示），梅安森在 2016 年遭遇了近五年来的经营困境，当年亏损 7000 多万元。很显然，银行风控委也了解其艰难，秉承了绝不雪中送炭的风格，果断地釜底抽薪，不再进行大额的银行借款。此时实际控制人不得不亲自借钱给公司，以求渡过难关。

梅安森是一家从事煤炭安全设备开发的企业，2014 年起，煤炭行业的不景气导致了该企业的效益下滑。幸运的是，2017 年煤炭行业全线复苏，梅安森也扭亏为盈，上半年业绩同比扭亏净利为 2527.4 万元。

Tips：作为投资者来讲，不是所有的借个人款的上市公司都叫梅安森，它还有可能叫乐视网。乐视网也借了贾跃亭姐弟的个人借款，但在 2017 年遇到了姐弟俩的抽资，陷入了融资困境。因此在选择投资对象的时候，其他应付款的内容需要用火眼金睛辨别，被银行诊断为有风险的企业最好谨慎投资。

2.11 什么是所有者权益

资产负债表的最后一部分，是大部分没有学过财务知识的人都看不懂的"所有者权益"。主要分五个项目列示：实收资本（上市公司为股本）、资本公积、其他综合收益、盈余公积、未分配利润。

简单地讲，所有者权益就是总资产和总负债的差额。举一个容易理解的例子：小帅开了一家小卖部，从房租到装修到进货，一整套手续下来，花了10万元。这10万元里有6万元是从银行借的，自己掏了4万元，这4万元就是所有者权益。

对于投资股票来说，所有者权益并不是特别重要的指标，其中的核心指标在利润表中也能找到更好用的。但是我们可以从企业的所有者权益数据里轻松了解到企业历年积累的未分配的利润以及对自身的预期，从而为投资者尤其是长期投资者带来一些启示。

以贵州茅台五年来的所有者权益变化情况（如图2.14所示）为例分别说明。

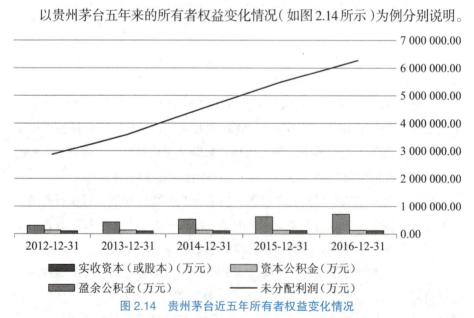

图2.14 贵州茅台近五年所有者权益变化情况

（1）股本：股本指股东在公司中所占的权益，即所有者向企业投入的资本，在一般情况下无须偿还，可以长期周转使用。

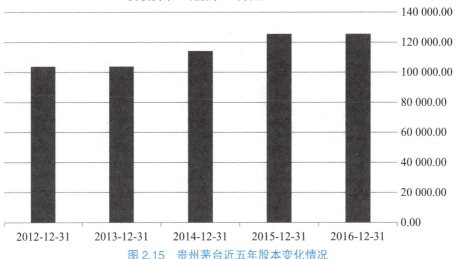

图 2.15 贵州茅台近五年股本变化情况

贵州茅台在 2014 年、2015 年进行了两次送股。2014 年年报中,股本从 10.38 亿元增加到 11.42 亿元;2015 年年报中,又从 11.42 亿元增加到 12.56 亿元。(如图 2.15 所示。)

(2)资本公积:资本本身升值或其他原因而产生的投资者共同享有的权益,包括资本(或股本)溢价,是指企业投资者投入的资金超过其在注册资本中所占份额的部分。

贵州茅台的资本公积五年来没有发生变化。

(3)盈余公积:企业从实现的利润中提取或形成的留存于企业内部的积累。我国《公司法》规定,上市公司分红前,必须对税后利润进行两项扣除。一是法定公积金。应当提取当年利润的 10% 列入公司法定公积金。公司法定公积金累计额为公司注册资本的 50% 以上的,可以不再提取。二是任意公积金。公司从税后利润中提取法定公积金后,经股东会或者股东大会决议,还可以从税后利润中提取任意公积金。

贵州茅台的盈余公积五年来连年增长,从 2012 年的 30 亿元增长到了 2016 年的 71 亿元(如图 2.16 所示),也从侧面说明了优秀企业不断地将收益积累起来,让投资者获取更高的价值。

图 2.16　贵州茅台近五年盈余公积变化情况

（4）未分配利润：企业留于以后年度分配的利润或待分配利润。

贵州茅台的盈利能力是惊人的，相应地，所有者权益中的未分配利润也是连年飞涨，从 2012 年的 287 亿元到 2016 年的 627 亿元（如图 2.17 所示）。

图 2.17　贵州茅台近五年未分配利润变化情况

未分配利润是指企业实现的净利润经过弥补亏损、提取盈余公积和向投资者分配利润后留存在企业的、历年结存的利润。可以简单理解为这是企业成立以来留存至今的净利润。这个指标从一定程度上说明了企业常年的盈利能力。

说到这里，不得不提一下现在流行的炒作概念，也就是所谓年报高送转。

上市公司披露年报时推出高比例的送股或者转增股份，把上市公司的盈利留在企业，而发放股票作为红利就是"送"（把未分配利润调整到股本）；而把上市公司资本公积转化为股本就是"转"（把资本公积调整到股本）。通常来说，总股本小、每股资本公积高，每股盈利高就算"高"。其中送股需要企业有盈利才能实施，且送股后需要投资人纳税，而转股不一定要盈利，只要公积金多，哪怕是当年亏损的仍可转增股。经过送股、转增股本后，上市公司的股东权益并没有改变，更不会影响公司的总资产、总负债。经常高送转的企业，可以认为累计盈利（资本公积）是不错的，属于具有长期投资价值的。

其实从年报项目来看，送股、转增股本行为本身只是账面上的项目调整而已，与经营没有任何关系，上市公司不可能因为这种行为而使公司当年或以后获利，投资者在公司中的权益也不可能因此增加。从另一角度看，送股、转增股本虽然使企业发行在外的股票数量发生了变化，但是股票数量的增加对投资者权益并无丝毫影响。这种高送转只不过是一个账面上的"左手倒右手"的游戏（未分配利润—股本或资本公积—股本），企业并没有实质性的一分钱的付出，但奇怪的是，股价却真的涨了。

作为一个曾经的财务工作者，起先我是难以理解这样的股价暴涨——调调账竟然就可以增加市值。后来炒股的朋友从心理学上向我阐述了高送转的炒作逻辑：基于高送转题材的股票在历史上的表现所形成的心理预期，会引导资金流向曾经因高送转涨价的潜力个股，盘面上涨验证之后又强化了这种预期从而引导更多的新增资金介入。本质上还是一个题材概念股的标准炒作流程，而这个概念具体能否给企业带来盈利，有什么意义并不重要。

2.12 为什么资产负债表一定是平衡的

开始筹划本书的时候，原打算全书不体现一笔分录。但是写完资产负债表部分，还是不得不拿出一节来提一点会计分录，因为不用会计分录就无法说清楚资产负债表的平衡。而理解不了资产负债表的平衡，怎么能够算得上读懂了资产负债表呢？

当然，不阅读本节并不妨碍对财务报表的理解，只需要记住资产负债表是平衡的就可以了，也就是会计恒等式：资产 = 负债 + 所有者权益。

会计报表是所有资金运动的最终体现，在形成报表之前，经历过了多次分类汇总。我们沿着信息流逆流而上，看看报表里的数字是怎么来的。

在会计电算化之前，会计报表是手工编制的，编制的依据是会计账簿，会计账簿又是从凭证汇总表计算而来，会计凭证则是凭证汇总表最基础的单据，会计凭证是由分录组成的，所有的会计凭证上，都有借贷平衡的分录。这就是资产负债表平衡的基础，从某种意义上讲，资产负债表就是全部业务汇总后的一张大凭证。

会计分录的借贷是什么呢？其实这两个字本身是没有任何意义的，大学时，会计学基础老师为了让我们不要产生误解，把借（Debit）叫作 Dog，贷（Credit）叫作 Cat。所以不要尝试去理解它们的字面意思。

只有把借贷两个字当成无意义的符号，才能更容易地去理解"借方"和"贷方"：通常资产的借方代表增加，贷方代表减少；负债和所有者权益的贷方代表增加，借方代表减少；个别资产或负债科目是相反的，比如资产的各项减值准备、累计折旧，负债里的应交税费[应交增值税（进项税额）]等。

死记硬背住这些简单的规则，就可以看懂会计凭证了。以下列举企业最常见的几种业务类型，通过拆解其会计分录来了解对资产负债表的影响。

2.12.1　企业购置固定资产业务

比如企业花费 11 700 元（含增值税 1700 元）购买设备，计入固定资产科目，会计凭证上会做这样的分录：

借：固定资产　　　　　10 000
　　应交税费——应交增值税（进项税额）　1700
贷：银行存款　　　　　11 700

这两个科目的数据反映在资产负债表上，就是固定资产（资产）增加了 10 000 元，应交税费（负债）减少了 1700 元，银行存款（资产）减少了 11 700 元。

这项业务资产的增减抵消后的减少数，和负债的减少数是一致的，对资产负债表的影响是平衡的。

2.12.2 企业的销售业务

再比如企业出售商品获得了2340元（增值税率17%，含销项税额340元），会计分录上会是这样：

借：银行存款　　　　　2340
　　贷：主营业务收入　　　2000
　　　　应交税费——应交增值税（销项税额）　340

月底的时候，进行结转，会计分录如下：

借：主营业务收入　　2000
　　贷：本年利润　　　2000

销售业务涉及的会计分录比较多，对于财务报表的影响也比较多，会在资产负债表、利润表和现金流量表上都有体现。从会计凭证汇总到财务报表的过程中，收入对资产负债表的影响会抵消掉（同一科目的借方和贷方在汇总时会相减），最终资产负债表会增加2340元银行存款（资产），增加340元应交税费（负债），增加2000元本年利润（所有者权益）。

这项业务产生的凭证其实就是一张迷你的资产负债表，它是平衡的：资产＝负债+所有者权益。

2.12.3 企业的日常费用报销

以办公费为例，企业发生了1000元的办公费。

借：管理费用——办公费　1000
　　贷：银行存款　　　　1000

月底的时候，进行结转，会计分录如下：

借：本年利润　　1000
　　贷：管理费用　1000

汇总到资产负债表的过程中，管理费用借贷抵消掉了，就形成了银行存款（资产）减少1000元，本年利润（所有者权益）减少1000元的结果。

通过以上最常见的业务我们得出结论：因为每一张会计凭证都是平衡的，资产负债表上的每一个项目都对应着会计凭证上的会计分录，所以最终汇总起所有会计凭证的资产负债表也必然是平衡的。

这一节简单地提及了几个最常见的会计分录，我希望不会因此让读者失去阅读的耐心。除本节外，全书不会再出现会计分录，我们会用朴实的语言让读者理解年报的每一个项目，并能熟练地用来指导投资。

第 3 章

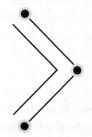

利润表部分

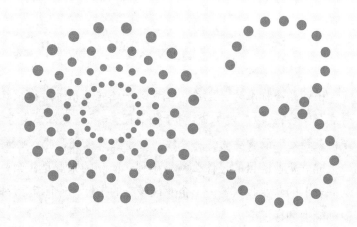

作为上市公司，企业最核心的能力就是赚钱的能力，而最能够体现这个能力的指标都列在利润表上。如果想要快速了解一个企业的财务情况，即便再没有时间，也要看一看利润表。股票市场中常用的市盈率（PE）就是通过利润表中的净利润与股价计算而来，股票软件F10中的大部分指标均来自利润表，可见该表对于投资的重要性。

3.1 企业的核心——营业收入

小帅是个标准的月光族，工资到手还完信用卡后很快就消耗殆尽。每到月底，就数着天数等发工资。对于他来说，工资就是他出卖劳动力得来的收入，是他最稳定、最重要的经济来源。对于企业来说，收入也是同样重要的。

成立企业的目的是什么？是盈利。盈利的来源是什么？是收入。因此，利润表上的营业收入是一个企业最核心的指标，这个指标反映了企业的规模、盈利能力和存续能力。

Tips：在阅读年报中营业收入的时候，连续三年的增长率是非常关键的指标，可以由此看出企业的增长能力。如果连续三年均为20%以上，可以肯定这是一家处于稳定增长期的企业；如果增长率在10%左右，那就是一家经营业务接近天花板的企业；如果增长率为负值，那就要谨慎一些，需要

结合其他指标看一下这家企业的具体情况。

从财务核算来说，由于收入准则是最严格谨慎的会计准则，所以营业收入是最难伪造的指标之一。但是有几个行业比较特殊，有可能出现营业收入的修饰甚至造假。

3.1.1 建设施工行业的收入虚增

2017年9月，中毅达公告称，公司当日收到上交所出具的2017年半年度报告事后审核问询函。在问询函中，上交所要求中毅达补充披露有关半年报14个方面的事项。其中对收入格外关注，问询函中要求中毅达按不同子公司分项目列表说明有关各项目收入、成本的会计核算方法及确认的收入、成本；有关各项目的项目金额、工期、完工百分比、本期确认收入、累计确认收入、本期投入成本、累计投入成本等。

在此之前，媒体曝光该公司连续两年造假虚增收入。

中毅达2016年年度报告表示，公司经营情况发生变化，合并后公司的主要经营模式以厦门中毅达与福建上河对外开展具体业务，上海中毅达主要负责集团化统筹管理。换言之，母公司上海中毅达是个纯管理机关，没有主营业务，公司业务主要来自福建上河和厦门中毅达。

这两家子公司均属于建筑施工行业，其中福建上河的主营业务是市政工程，厦门中毅达的主营业务是园林绿化工程。中毅达的收入造假正是利用了这两家公司工程量的提前确认，将2017年、2018年预计完成的工程量确认为2016年收入，以此虚增大量营业收入和利润，从而实现盈利，得以保壳。

建设施工行业的收入确认比较复杂（2019年后将执行新收入准则），不是普通企业一手交钱一手交货就实现了收入那么简单，很多企业需要自备资金，签了合同后去施工，等到验收完了才能拿到钱。但如果拿到钱才确认收入，那这类企业的收入就会非常不均衡——只有项目回款后才有收入，非常不利于企业经营管理和决策，也不利于投资者根据其报表进行投资分析。所以该行业一般采用"完工百分比法"确认收入，也就是说，企业负责建设的工程项目，按照完工进度来确认收入。比如100万元的项目，完工30%了可以确认30万元的收入。看到这里，聪明的读者朋友可能就明白，这些企业会怎样来利用规则了——虚构完工比例，提前实现收入的确认。

中毅达的子公司将预期2017年甚至2018年完工的工程，提前确认收入，其中一个子公司福建上河正在施工的数亿元的项目，竟然在4个月内完工并确认100%收入。

这种提前确认收入的方式，其实在年报上很容易辨别：一、对比历年财报的收入金额（年报都提供两年的对比数据）增幅，如果增幅过大就可以存疑了；二、对比利润表的营业收入金额和现金流量表的"经营性现金流入"金额，正常情况下，由于回款进度的原因，营业收入会比经营性现金流入大一些，但不会相差巨大，如果前者比后者大太多，也就是说有太多的收入没有收到钱，就可以肯定大额收入其实是提前确认了——此类股票请绕行。本案例中，中毅达2016年全年营收6.1亿元，经营性现金流入仅有1.1亿元，如此巨大的反差，可以判断出营业收入存在"水分"。

3.1.2 资金"体外循环"伪造收入

营业收入造假涉及方方面面，造假风险还是比较大的。从销售合同到银行进账单，从销货发票到客户询证函……其中银行进账单几乎是难以伪造的，这也就保证了绝大多数经过审计的上市公司财报的销售收入是可靠的。

但是有的企业却利用资金的体外循环，将货币资金成功"变脸"实现新功能，利用规则漏洞在收入上舞弊。

2012年8月，万福生科发布上市后的第一份半年报，提到：今年上半年，公司实现的净利润由于受到原材料价格的上涨、计提的资产减值损失等因素，同比有所下降。但公司在2011年年度报告中披露公司2012年经营目标为：力争公司2012年销售收入达到63 000万元～65 000万元，净利润达到7200万元～7400万元。

当时湖南证监局的检查组正在万福生科进行例行审计，检查组很快发现了半年报的预付账款存在重大异常，预付账款余额1.46亿元，而上年同期只有0.2亿元。财务人员的解释并没有打消检查组的疑虑，他们继续调阅银行流水进行深挖。

银行资金流水显示，大量的设备供应款根本就没有打给供应商企业，而是打给万福生科自己控制的账户；然后万福生科再利用关联方虚构销售，资金体外转了一圈，又变脸成了企业销售款，回款转入企业账户。检查组发现银行回单涉嫌造假的重大违法事实之后，湖南证监局立即对其立案调查，案情上报之后得到证监会高度重视，中国证监会稽查总队宣布对其立案调查。

财务总监无奈交出私人控制的 56 张个人银行卡，稽查大队又在现场截获存有 2012 年上半年真实收入数据的 U 盘，最终发现该公司伪造银行回单 14 亿元、虚构收入 9 亿元。

上市公司中，依赖现金收入为主的行业主要是农林牧副渔等，这些行业为什么频繁造假呢？一个重要原因是国家的税收优惠，国家为了鼓励农业生产和农产品加工行业发展，实施了很多的税收优惠政策，农业的税率很低甚至个别领域完全免税，这会极大降低造假的成本。其他行业如果造假，虚构几亿元的收入，至少要缴纳几千万元的增值税，这是实打实的现金支出，而农副业依靠税收优惠却可以接近零成本造假。同时，由于农副业的购销对象面向个人，不像企业间交易容易核查，这就增加了审计的难度。

所以，对于现金交易为主的农林牧副渔企业，如果不是对其业务非常熟悉的话，应当谨慎投资。

3.1.3 外贸纺织企业是如何骗取出口退税的

出口退税是指国家退还出口货物在国内已缴纳的税款。国家设立此制度的目的是，使本国产品以不含税成本进入国际市场，与国外产品在同等条件下进行竞争，从而增强竞争能力，扩大出口创汇。但是很多外贸企业为了骗取出口退税，虚构对外业务。纺织企业是骗取出口退税的重灾区，骗取出口退税的过程有三个必要环节：首先，由国内的纺织品企业负责虚开增值税发票；其次，由国外的企业负责提供外贸订单、签订出口协议书，虚报出口额；最后，相关企业通过地下钱庄等方式获得由银行出具的出口收汇单。

2013 年 8 月，南纺股份收到《税务处理决定书》，其中披露：南纺股份在2010—2011年间，骗取出口退税合计1033万元。

与此相匹配的是，南纺股份的报表存在着多项造假，其中以虚构收入和伪造利润为主。

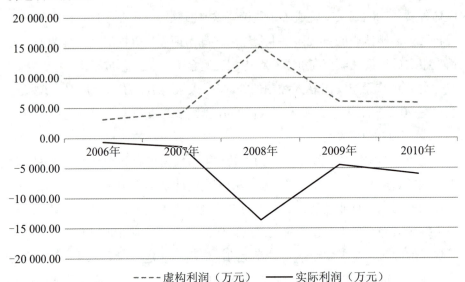

图3.1 南纺股份2006–2010年舞弊前后的利润对比图

如图3.1，这是舞弊前后的利润情况，实际上该公司已经实质上连续五年亏损，符合退市的条件了。

其实有细心的分析师在2010年年报中就发现了端倪：出口退税的规模从2007年开始递减，到2010年却突然狂增了601%，但同期营业收入这一年却只增长了15%。显然，出口退税的规模与营业收入增长的规模是不太匹配的。

Tips：一个企业收入持续稳定增长的时候，其资产、负债等相关项目都会基本成比例增长。销售多了，赊销自然也就多，就会导致应收账款增多；同样，采购也会增多，就会需要更多的货币资金、应付账款等。所以一旦发现了与收入增长严重不匹配的项目（比如货币资金、应收账款、本例中的出口退税），那很可能就有修饰甚至造假的可能。这类股票，投资者应该敬而远之。

3.2 核心的代价——营业成本

对于普通人来说,每天的衣食住行是最主要的生活成本了,当收入(工资)无法覆盖他的成本(日常消费)的时候,他就面临窘迫,要想继续生活,只有两条路可以选择:降低生活标准,或者去换份收入更高的工作。企业的营业成本,也是同样的情况。

营业成本主要包括主营业务成本、其他业务成本。主营业务成本是企业销售商品、提供劳务等经常性活动所发生的成本。对企业来说,营业成本的高低直接关系到企业利润的多少。因为主营业务成本是主营业务收入最重要的,往往也是最大的扣除项目,所以在主营业务收入与税金及附加不变的条件下,主营业务利润直接取决于主营业务成本的高低。主营业务成本提高则主营业务利润、利润总额下降;反之,主营业务成本下降,则主营业务利润、利润总额提高。

根据国电电力的 2017 年半年报,公司上半年实现营收 287.44 亿元,同比增长 1.83%;实现归母净利润 17.73 亿元,同比下滑 52.69%。

利润的大幅下滑源于煤炭价格的上涨,目前国电的最主要的成本就是煤炭,这个不难理解。在新能源革命刚刚起步的当下,我国的电力来源主要还是靠火力发电,火电的来源主要是烧煤(天然气发电量虽然开始增加,但由于我国能源结构特殊,不会成为火电的主流)。

从国电电力连续五年来年报的利润表来看(如图 3.2 所示),2013 年营收较高,为 663 亿元,相应的营业成本也最高,为 486 亿元,当年实现净利润 92 亿元。

基于五年来的年报数据(含 2017 年半年报),我们可以简单分析国电电力五年来的毛利率和净利率。2013—2016 年,该公司的销售毛利率基本都能保持在 25% 以上,销售净利率在 12% 以上。但是到了 2017 年半年报,销售毛利率迅速下探至 18.8%，销售净利率为 7.8%，形势非常严峻。

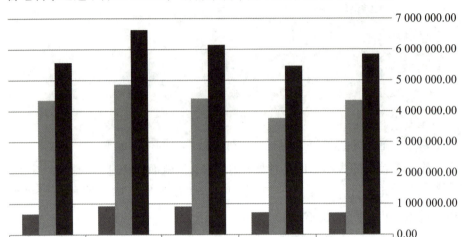

图 3.2　国电电力连续五年的营业收入、营业成本和净利润情况

3.2.1　国电电力的销售毛利率和净利率

在了解了营业成本后，我们就可以轻松地计算出销售毛利率和销售净利率来进行分析了，这两个经常在各股票软件中见到的指标分别代表什么呢？

1. 销售毛利率

销售毛利率就是销售收入减去销售成本（销售净收入）再除以销售收入而得出的百分比。这是一个体现企业主营业务的市场竞争能力的指标。销售毛利率指标要分行业对比，不同行业的毛利率不尽相同，但是大部分行业的销售毛利率超过 10% 才有可能盈利，超过 20% 的企业就可以格外关注。而销售毛利率低于 10% 的企业，绝大多数都会在其他非经常性损益项目上做文章。

销售毛利率是上市公司的重要经营指标，能反映企业产品的竞争力和获利潜力。它反映了企业产品销售的初始获利能力，是企业净利润的起点，没有足够高的毛利率便不能形成较大的盈利。与同行业比较，如果一个公司的毛利率显著高于同行业水平，说明该公司产品附加值高，产品定价高，或与同行业比较，该公司存在成本上的优势，有竞争力。与历史数据比较，如果一个公司的毛利率显著提高，则可能是该公司所在行业处于复苏时期，产品价格大幅上升。在这种情况下，投资者还需要考虑这种价格的上升是否能持续，公司将来的盈利能力是否有保证。相反，如果一个公司毛利率显著降低，则可能是该公司所在行业竞争激烈。毛利率下降，同时往往伴随着价格战的爆发或成本的失控，这种情况预示该公司盈利能力的下降。

当然，仅仅销售毛利率高并不一定代表企业盈利水平超群，还要参考另一个关键指标，那就是销售净利率。

2. 销售净利率

销售净利率就是指净利润除以销售收入而得出的百分比。这个指标和销售毛利率息息相关，净利润正是毛利减去税金和各项费用后得出的数值。

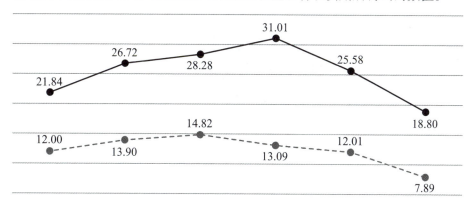

图 3.3　国电电力五年来的销售净利率和毛利率

Tips：销售净利率是和销售毛利率作为一个组合来对照着看的，通常销售净利率和销售毛利率是同比变化的，就像一对平行线。但有时候也有特例，一旦发现这种特例，那就是企业经营出现异常的信号。

如果销售收入是靠补贴、超额投入宣传等方式实现的，费用就会大大增加，销售净利率就会下降；反之，则有可能是企业的管理体系得到了优化，通过加强内部管理压缩了费用开支。因此，两个指标结合着看就能看清楚企业的真实盈利水平。

回到国电电力的半年报，再对照行业数据进行统计分析其盈利情况：据Wind行业数据，2017年半年报中，公用事业电力行业的销售毛利率中位数为 19.9%，销售净利率中位数为 6.35%。国电电力的两项指标接近中位数，说明其盈利能力属于行业中游水准，再考虑到国电电力的规模和体量，这样的指标属于很不错了。

3.2.2　国电电力的成本构成

根据国电电力的 2017 年半年报，主营成本构成金额（万元）及对应毛利率如下：

表 3.1　国电电力主营成本构成

业务构成	金额（万元）	毛利率
电力产品	2,018,262.21	19.68%
煤炭销售产品	465,289.57	0.55%
热力产品	146,724.99	
化工	103,916.97	19.75%
其他产品	5,218.13	56.97%
其他业务	16,081.32	49.86%

销售毛利率这个指标的优点在于可以对企业某一主要产品或主要业务的盈利状况进行分析，这对于判断企业核心竞争力的变化趋势及企业成长性极有帮助。

比如从国电电力的半年报中，我们可以看到分产品的成本和毛利率，其中电力产品占比超过 70%，该项业务的毛利率为 19.68%。通过其他数据又了解到，超过 70% 的电力产品为火电。归根到底，风电也好，水电也好，这些业务的成本都是相对较小的，国电电力的最主要的成本就是煤。

国电电力近五年的年报数据（如图 3.4 所示）表明，费用类的支出非常稳定，税金及附加、销售费用、管理费用、财务费用的变动曲线接近一条直线。这也说明了这家企业的日常管理规范稳健，除了 2014 年略有轻微财务费用的小幅度波动，历年来的费用类开支变化都不大——这也是市场波动较小的公共事业类企业的特点。

造成国电电力成本过高的主要原因是 2016 年下半年以来的煤价飙升。根据环渤海动力煤价格指数（如图 3.5 所示），2016 年 6 月开始，煤价从不足 400 元/吨上升至 600 元/吨以上，这导致国电电力的成本不堪重负，也从侧面证明了国电电力对火电业务的过度依赖。

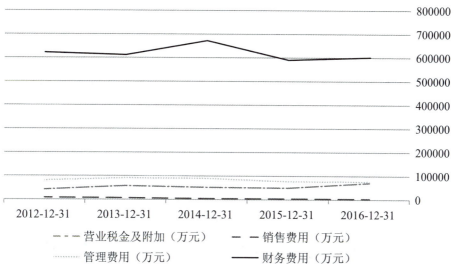

图 3.4　国电电力五年来营业税金及附加、销售费用、管理费用、财务费用情况

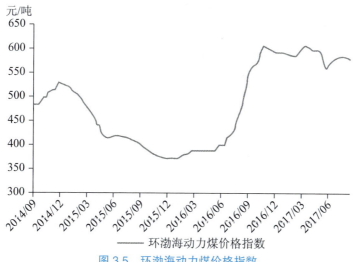

图 3.5　环渤海动力煤价格指数

通过分产品线的毛利率数得出结论，在市场需求变化比较小，营业收入变动也比较小的前提下，该企业的各项费用支出基本稳定，盈利能力主要受制于煤价。那么根据报表数据反映出来的内容，对这家公司的投资建议也就比较简单了：煤价低的时候，国电电力的盈利水平就会高，股价就看涨；反之，煤价涨起来的时候，国电电力的盈利水平必然下降，股价就看跌。

3.2.3 供给侧改革和混合所有制改革对国电电力的影响

对于国电电力来说，电力产品的售价和煤炭的进价，都在很大程度上受到国家政策的影响。也正是政策因素影响，2016年年报到2017年半年报毛利率和净利率产生了巨大波动。这导致其盈利能力随着政策的变化可能会存在很大的不确定性，不过目前来看，今后的政策面都是向好的，尤其是最近正在进行的供给侧改革和混合所有制改革。

1. 供给侧改革淘汰掉落后产能，使集团化央企盈利能力更加强劲

随着电价的上调、煤价出现回落，国电电力的业绩有望出现环比改善。2017年上半年煤电供给侧改革逐步发力，国电电力有望很快受益。7月1日开始全国多个省份出台了相关政策，上调火电电价；同时随着迎峰度夏的结束，下半年优质产能替换部分落后产能开始逐步释放，推动煤价回落，国电电力的业绩有望出现环比改善。尤其是自国家层面提出煤电供给侧改革以来，政策逐步落地。当前十六部委联合发布文件推动淘汰落后火电机组，山东、河南等地的配套细则要求严格，淘汰力度超出预期。受益于供给侧改革推动，国电电力的成本有望降低，产能不断提高，从而提升业绩。

2. 混合所有制改革给老牌国企带来新生

2017年9月1日，国电电力复牌，国电集团与神华集团合并为国家能源投资集团，国电电力与中国神华将相关火电资产组建合资公司，国电电力控股。煤电央企联合重组，将大大有助于解决煤电矛盾，连接产业链的上下游，提高行业集中度，对推动电力行业的供给侧改革也具有引领作用。从原来势不两立的供应商客户关系，变成了同一家兄弟，从各自为政抢利润变成了统筹盈利分配，合并后的煤电一体化集团公司的成本将会大大降低，盈利模式值得期待。

3.3 透过管理费用和销售费用看企业管理能力和营销能力

利润表中的销售费用和管理费用项目，披露的是公司在该会计期间内发生的所有各项直接或间接的销售费用及一般管理费用，包括相关职工的薪酬、折旧与摊销、办公经费、差旅费、广告费用、车辆费、诉讼费、中介机构费等。

细心的读者会发现，财报中销售费用项目和管理费用项目是非常相似的，通常都有职工薪酬、差旅费、折旧与摊销等。那么二者有什么不同呢？

二者的区别在于发生该项费用的内容，销售费用是指企业在销售商品过程中发生的费用，管理费用是指企业为组织和管理企业生产经营所发生的费用。为了便于操作，企业在核算过程中通常会简化操作，直接对应部门的职能：如果这个部门是为公司的管理服务的，比如财务部、总经理办公室之类的部门，发生的费用就被归集到管理费用；如果这个部门是为公司的经营服务的，比如市场营销部、客户关系部、基层营业网点等部门，发生的费用就被归集到销售费用。

3.3.1 销售费用和管理费用的指标应用

2016年的年报数据显示，A股企业销售费用和管理费用合计39 843亿元，较上年度增加7.48%，在具体分类项目中，职工工资及福利的增幅明显，显示上市公司在改善职工待遇上的投入有所提高。

像工商银行这样"漂亮50"里的公司，销售费用和管理费用对公司的固定成本有着重大影响，据2016年的年报数据，工商银行销售费用和管理费用合计达到1752亿元。对不同的公司而言，这些费用占营业总成本的比例相差迥异，甚至在具有持续性竞争优势的公司之间，比例也不尽相同。例如，工商银行的销售费用及管理费用占营业总成本的比例保持在55.5%左右，而中国石化的销售费用和管理费用占营业总成本的比例约为6.5%，伊利股份在这方面的花费则一直保持在30%左右。请注意，我们这里讲的是"持续水平"，如图3.7所示，据2014—2016年的年报数据，3年来，这些公司的这两项费用占营业总成本的比例基本保持不变。

在竞争白热化的领域，因为经营乏力而导致失去持续竞争优势的公司，销售费用和管理费用占营业成本的比例会显示出巨大的变化。比如佳沃股份在过去3年中，这两项费用占毛利润的比例在20%～113%间剧烈波动，相应地，其净利润变动也较大。

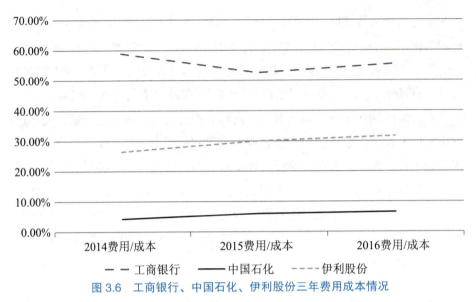

图 3.6 工商银行、中国石化、伊利股份三年费用成本情况

炼石有色过去 5 年内,每年在这两项费用上的花费占当期毛利润的比例竟然也在 20%～95% 的之间,这意味着这家公司花钱如流水。另外,炼石有色 2016 年的销售业绩不佳,收入呈下降趋势,该公司的巨额费用投入并没有换来盈利的提升。如果公司不尽快减少费用,那么,它们将吞噬更多的利润。

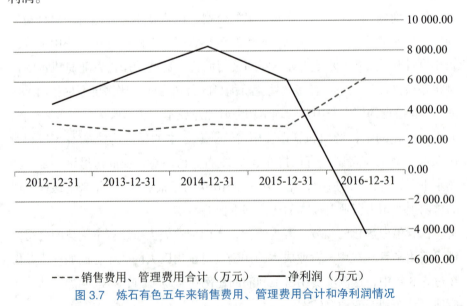

图 3.7 炼石有色五年来销售费用、管理费用合计和净利润情况

Tips：投资者在寻找具有持续竞争力公司的过程中，可以多关注这两个指标。一般而言，销售费用和管理费用越少的公司越好。如果它们能一直保持较低的水平，说明其内部管理和控制市场的能力都不错。

从 A 股市场总体情况来看，如果一家公司能将销售费用和管理费用占营业总成本的比例保持在 30% 以下，那该企业就是非常值得投资的。当然，也有不少具有持续竞争优势的公司不完全符合这个标准，它们的这个比例维持在 30%～80% 之间，这部分企业就需要在其他指标上进行细致的分析和对比。另外，如果我们发现一个企业的销售费用和管理费用占营业总成本的比例接近甚至超过 100%，那就存在两种可能：一是该企业处于高度竞争行业，在这类行业里，没有任何公司具有可持续的竞争优势，今天的行业第一，很可能明天就被残酷的竞争所淘汰；二是该企业处于剧烈的震荡期，内部管理出现了重大问题，导致费用管理失控。

3.3.2　来自销售费用和管理费用的警告

天喻信息是一家从事 IT 行业的高科技企业，以生产金融 IC 卡为主。其 2016 年的年报数据显示公司共有 2800 名员工，全年有 16 亿元的营业收入，但有超过 4 亿元的销售费用和管理费用。拆解费用明细项目会发现，除了职工薪酬外，竟然有超过 3000 万元的招待费，公司平均每天的招待费达 10 万元。

实际上该公司 2016 年的主营业务是亏损的，但公司最终依靠政府补贴实现了 452 万元的轻微盈利。通过对比五年的年报数据也可以看出，虽然天喻信息逐年加大费用支出，营业收入有了一定量的增长，但净利润却不断下滑。

我们通过天喻信息的巨额招待费也能对该公司的业务拓展能力产生怀疑：客户多为银行、政府机关，主营产品为银行金融 IC 卡，但这种产品的大规模更迭期已过，主推的全新业务——智慧教育并没有得到推广。年报里的销售费用和管理费用向我们发出了信号：这家企业营业收入增长遇到了瓶颈，并且营销乏力。

3.3.3　研发费用是把双刃剑

投资者在投资硅谷的企业时，大多看中成长股，有很多像特斯拉这样尚未盈利的企业，因为潜力大而受到追捧，这类企业的高额研发费用是很多投资者热捧的方向。但是也有部分投资者不这么认为，比如股神巴菲特就很少投资研发费用过高的科技类公司。

这类看似成长性极高，估值远远超出传统行业的公司，有什么特点呢？不确定风险较大。形成原因主要包括以下三种。

1. 业绩的不可延续性

诺基亚的辉煌可能会在一夜之间彻底崩塌，曾风靡全球的雅虎邮箱如今已经悄然关闭……

2. 科技水平的不断发展带来的风险

划时代的技术频繁出现，导致了行业顶尖的企业经常更迭，被自己发明的数码相机技术淘汰的柯达公司，如今已经彻底放弃相机产业。极少有高科技企业能够长期处在行业顶尖水平，投资高科技行业的企业，从长期来看其实是有风险的。

3. 新技术所在行业格局的混乱

一将功成万骨枯，光鲜亮丽的成功企业背后，是无数的失败企业。像苹果、谷歌等公司身后是数不清的被市场淘汰的小企业，尤其是一项新技术出现后，雨后春笋般出现的相关企业目不暇接，整个行业野蛮增长，很难甄选出有投资价值的企业。

许多风险投资会敢于去投资成功率不高的企业，那是因为它们有巨额的资金，只需要其中一部分企业成功，就可能收回投资并盈利。但普通投资者往往没有如此大量的资金用来分散投资目标，在股市里投资所谓成长型企业更像是听一个故事，做一场赌博。

中国的知名科技企业大多没有在A股上市，所以高额研发费用的大旗就被生物制药类企业扛了起来——A股上市公司2016年的年报数据表明，计算机、机械和生物制药是研发费用开支比例最高的行业。

2016年沃森生物的销售费用和管理费用占营业总成本的比例接近50%，其中研发费用投入1.08亿元。沃森生物是国内疫苗行业研发能力比较强的企业，一直在该行业保持着高增长。但是"山东疫苗"事件后，由于沃森生物的子公司涉及该案，公司受到剧烈打击，营业收入缩水，损失惨重。2017年以后，随着市场的回暖，沃森生物的业绩开始有了起色，高额研发费带来了各种新产品上市，并有望迎来业绩爆发点。但是它研发费用过高，其长期经营并保持高增长的业绩的前景是很可疑的。这种研发方式存在巨大的风险：一是这些高投入开发的产品，并不一定都是成功的，很多斥巨资研发的医药产品在临床试验之前就被毙掉了；二是国家政策风险极大，一款药品能否进入医保目录，关系着它的销量，很多历经千辛万苦才具备上市资格的药物，却在进入医保目录的时候输给了竞争对手；三是市场竞争的风险，没有哪一款药品是可以长期坐享其成的，因为它们背后都有大量的竞争品种，它们随时会被市场淘汰，这会对公司产品的市场占有率和销售价格造成不利影响。

就像巴菲特所言，一定要远离这些总是受困于高额销售费用及管理费用的公司。他知道，即使是销售费用和管理费用保持较低水平的公司，它们的长期经营前景也可能被高昂的研发费用、高资本开支和大量债务所破坏。无论股票价格如何，他都对这类公司避而远之。因为他知道，它们的内在长期经济实力如此脆弱，即使当前的股价较低，也不能给投资者带来真正的增长性。

在市场追捧所谓高成长性的股票时，投资者应该远离浮躁的情绪，认真读一下这些公司的年报，看看它的销售费用和管理费用是否畸高，尤其是研发费用是否占有太大比例。如果不能判断这些投入能否收获高额回报（通常是因为不确定因素太多而无法判断），就不如回避这类股票，转而去看那些传统的能够一眼看透的行业。

3.4 重资产、轻资产的差异——折旧费与无形资产摊销

小帅领了这个月的工资，赚了1万元，再加上之前的积蓄，跑到4S店花20万元买了一辆新车。那么请问，假设没有其他收入和开支，小帅这个月的净利润是多少？

或许有读者朋友马上就能简单地计算出来了，亏损19万元。其实利润

不是这么算的，这辆新车是小帅的固定资产，是不能直接抵消收入的，而应该计算其折旧费。一般固定资产都有数年的折旧期，把价值均摊到折旧期的每个月，用以抵减利润，这样的净利润就比较合理了。因为这辆车的价值是随着小帅的使用而逐年减少的。假设这辆车的折旧期（使用期）为8年，那么每个月大概需要计提2000多元的折旧（即每月价值减少2000元），这个月的净利润就是接近8000元了。（为便于理解，此处的例子并不严谨，并未考虑残值率，也未按照核算要求从购入资产的次月开始计提折旧，折旧方法的计算按照直线法基本原理进行。）这么计算，小帅的盈利能力还是不错的。

不难理解，对于固定资产比较多的上市公司来说，折旧费在很大程度上影响着利润情况。

3.4.1　折旧费的占比

这是一家有着黑历史的公司，佳沃股份，原名万福生科，曾以收入造假闻名。据2016年年报，该公司的折旧费用占到费用的38.96%，从这个数字可以看出公司的资产配置比例十分不合理。除了因为并购导致折旧费比例异常的公司外，佳沃股份的折旧费占费用比重是A股上市公司中最高的。

佳沃股份的总资产仅有2.4亿元，其中固定资产和在建工程超过一半，查阅近三年的年报，会发现在建工程的完工进度一直不变，因此在建工程里有多少实际上的固定资产也是可疑的。我们前面在在建工程一节中也了解到迟迟不转资的在建工程其实是少提了折旧的固定资产，也就是说，实际上该公司的折旧费远比现在账面体现的要高得多。换言之，利润是虚增了。

幸运的是，万福生科在2017年被联想系的佳沃集团注资，或许新一年的年报里，折旧费的情况能得到大幅改善。

3.4.2　折旧新政与新政受益者

2014年，国务院常务会议在减轻企业负担、促进制造业转型升级的方向上再出实质性举措。会议要求，加快落实完善固定资产加速折旧政策，努力用先进技术和装备武装"中国制造"。

这个被称作"折旧新政"的固定资产加速折旧政策是什么含义呢？

继续以小帅的车为例，20万元的车如果在8年平均提完折旧（即前面的直线法折旧），在其他条件不变的情况下，每月的利润是8000多元。如果缴纳企业所得税的话，税务部门会按照8000多元作为纳税基数（此处不考虑纳税调整，按所得税税率25%），那就是要缴纳2000多元。但是，如果按照折旧新政采用加速折旧法，缩短60%折旧期限，那就是折旧年限从8年缩减到3.2年，前3年内每年增加的折旧额为5万元，对应的利润每年就减少5万元，从而须缴纳的所得税也减少。如果在折旧年限内，小帅能够持续增加收入水平和持续购置固定资产，那么他缴纳的所得税就持续降低了。

折旧新政设置了许多条件，精准定位高新技术行业尤其是中小企业，是鼓励加快设备更新、科技研发创新的重要举措。

全国政协委员、著名会计专家、瑞华会计师事务所管理合伙人张连起认为，国务院常务会议及两部门出台加速折旧政策，总体上是一项发力精准的政策。虽然不搞强刺激，但是在会计上，固定资产折旧政策是一个精心的安排。张连起认为，折旧新政还对所有行业企业持有的单位价值不超过5000元的固定资产允许一次性计入当期成本费用在税前扣除。考虑到中小企业5000元以下的固定资产占比更大，该政策更有利于中小企业降低税负。

注册会计师汪本良在其微信公众平台中对此项政策进行了详细解读。他认为，无论是上市公司还是非上市公司，执行固定资产加速折旧政策，所得税延迟缴纳，就相当于税务机关给了企业一笔无息贷款，利好所有企业。

他认为，实行固定资产加速折旧的企业利好中国股市，特别利好折旧新政中提到的六大行业中的上市公司，这些公司在创业板和中小板中较多。由此看来，新的一轮牛市即将开始。

然而，几年过后，在上市公司中，折旧新政并没有起到预期的效果。

在预计受益的行业中，生物制药是最符合折旧新政的各项条件的。但是，通过分析折旧新政执行几年来的报表数据发现，恒瑞医药、鱼跃医疗、复星医药和上海莱士等生物药品上市公司在会计上没有采取加速折旧政策，依旧采用传统的直线法。

原因何在呢？对于上市公司来说，利润指标对公司股价有着重大影响，长期亏损还有退市的风险。因此，上市公司更倾向于放弃此项税收优惠政策。

由于折旧新政设定的条件比较繁杂，企业对新政策的执行成本较高，加之基层财务人员变动频繁，出错的机会较大，易导致较高的税务风险，进而可能进一步增加税收成本，这致使多数符合条件的上市公司最终选择了放弃执行该优惠政策。

3.4.3 轻装上阵

暴风集团的折旧费仅占费用的0.35%，固定资产仅占总资产的1.5%左右，二三四五、恺英网络、金利科技等公司均是类似比例。这类企业的资产以货币资金、流动资产为主，研发设备成本相对较低，因此折旧费也极低。相应地，暴风集团拥有较高比例的无形资产，金额远大于固定资产，这也符合科技类公司的定位。

Tips：一般情况下，轻资产的公司会保持一个比较低的折旧费，在企业的迅速转型、研发新项目方面有着各种优势。但是，如果重资产的公司，也有一个较低的折旧费与费用比例，那就需要格外注意了。

比如山东钢铁，折旧费占费用的0.51%，粗看这个比例，应该是轻资产的配置。但是钢铁企业怎么可能是轻资产呢？仔细看年报就会发现其实是山东钢铁采用了过低的折旧率所致！438亿元的固定资产，2016年仅计提了741万元的折旧，即便在折旧上做如此文章，也无法挽回亏损的境地。

一方面，国家出台了折旧政策鼓励企业创新；另一方面，上市公司处于特殊考虑，大部分企业并没有真正利用这些政策。从长远看，随着税收政策的明确、细化，这项为企业减负的政策终会普及，届时生物医药、计算机科技等行业以及中小板的上市公司，会在折旧费上做出更多的文章，而这些操作的结果，将会是积极促进企业的发展，同时促进股市的繁荣。

3.5 从资产减值损失说起

小帅有次借给朋友1000元钱，朋友说一周内就还，结果过去两年了，各种暗示、明示都做过了，朋友还是没有偿还的迹象。小帅只好默默在心底把这个朋友的欠款抹去了,在会计上这种打算放弃欠款所有权的操作就叫作"资产减值损失"。

我曾接手一家破产公司的对账工作,与该公司的清算人员核对数据的时候,我发现我公司和该公司的账面上的欠款有十几年之久,而且双方的金额、项目都对不上。我们硬着头皮一笔一笔地在故纸堆飘香的档案室里对账,这些欠款最终通过坏账损失核销。

欠款企业破产倒闭或者长期不还,收回欠款的可能性极小的时候,欠款就可以被认定为"坏账损失"。除此之外,根据谨慎性原则,企业还可以预估未来可能的坏账损失,提取坏账准备,不必等到损失实际发生时再做处理。除了坏账损失外,资产减值损失还包括存货、固定资产、长期股权投资等资产类项目发生的损失,但是在上市公司实际核算过程中,坏账是最常见的资产减值损失。

3.5.1 不善用资产减值损失科目的会计不是好会计

2017年5月,绵石投资收到深交所的问询函,问询函对该公司连续9年不分红、经营活动产生的现金流量净额与扣非净利润存在重大差异等八大问题提出询问。

绵石投资发布公告——回应,其中,公司2016年资产减值损失发生额为6030万元,其中坏账损失4836万元。相应地,2016年的资产负债表中,应收账款、预付账款和其他应收款的合计净额只有592万元。根据年报披露的资料,报告期内计提坏账准备4836万元,主要是本公司之全资子公司——轻舟(天津)融资租赁有限公司及其了公司按照《企业会计准则》和会计政策规定,采用风险分类法与个别认定法相结合的方式,对经营性应收款项计提坏账准备。轻舟公司为绵石投资的全资子公司,用赖账的方式处理内部往来,也属于罕见的"财技"。

除此之外,在资产减值损失中,绵石投资还发生了971万元的存货跌价损失。根据年报披露,是因为子公司迈尔斯通房地产开发有限公司开发的地下车位预计变现金额少于账面金额所致。在房价不断攀升的时期,在车位价格更是火箭式上涨的情况下,能把地下车位做到赔钱,实属不易。

绵石投资的资产减值损失就这些了吗？还有可供出售金融资产减值损失。根据年报，公司对持有的赞博恒安健康科技发展（北京）有限公司投资进行减值测试，将该项投资的账面价值减记至可收回金额，计提减值准备222.71万元。通过年报的附注，可以发现该公司持有五花八门的金融资产，按照年报里提到的"转型"方案，经营方向将从一家房地产公司转变为投资公司。

能够把大部分资产减值损失科目都利用起来的会计一定是高手。比如绵石投资的会计，年报上还披露，公司按照《企业会计准则》和公司会计政策规定对购买北京思味浓企业管理有限公司实现的商誉进行减值测试，并对其计提减值准备58.07万元。

当然，作为一毛不拔的铁公鸡，绵石投资的转型并不太成功。维系股价的办法中，更多的不是靠实力，而是靠"碰瓷"，和尝试回归 A 股的万达暗送秋波抬升了一轮股价，连续三个涨停让市值增长了 9 亿元，结果遭到了万达义正词严的否认。还依靠财务人员精明的"财技"制作出连年盈利的指标，在营收大幅下滑 71.08% 的情况下，竟然实现了净利润 483.78% 的增长，让人跌破眼镜，实现了 F10 指标的绚丽展示。不过修饰过的报表毕竟不是真金白银，所以现金流量表露出了马脚，深交所也因此质疑绵石投资的真实盈利情况。

3.5.2 期权激励是怎么回事

在对绵石投资的问询函里，深交所表达了强烈的疑问：说明设置股权激励行权业绩考核指标的主要考虑因素，并与章程中的分红条件指标进行对比，说明股权激励行权业绩考核指标设置的合理性以及低于章程中分红条件指标的原因，结合上述情况说明公司实行股权激励是否符合《上市公司股权激励管理办法》第七条第三项的规定。

对此，绵石投资发布公告进行了争辩，认为自己的操作是符合规定的。那么，什么是期权激励呢？授予高管一定数量的股票期权，高管能够以某事先约定的价格购买公司股票。显然，当公司股票价格高于授予期权所指定的价格时，高管行使期权购买股票，可以通过在指定价格购买，市场价格卖出来获利。

由此可见，获得期权激励的高管会有充足的动力去努力工作提高股价，或者通过别的方式抬高股价。

绵石投资将向除公司董事长郑宽、公司董事王瑞之外的共60名高管和核心员工以每股0.25元行权价售出352万股股票，同时再以零元价格向包括郑宽、王瑞二人在内的17名激励对象授予717万股限制性股票，其中郑宽、王瑞各占这批股票份额的40.45%，合计80.9%。按照碰瓷万达时的股价计算，市值只有几十亿元的绵石投资向60名高管核心人员派出1.97亿元，郑宽、王瑞等17名核心人员则直接入账1.32亿元，其中郑宽、王瑞二人分别占得5280万元。

而期权激励的启动条件是以2013—2015年三年扣非（扣非是指扣除与主营业务无关的、一次性的、不可持续的非经常性损益）后平均年度净利为基准，增长不低于8%、16%。让我们看看2013—2015年的净利润情况，如图3.8所示。

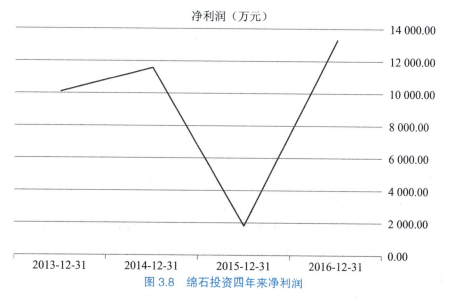

图3.8 绵石投资四年来净利润

快看2015年的净利润……好大一盘棋。在高管们（和财务人员）的努力下，2016年的净利润增幅达到了启动条件。

妙招不止这一步，2016年7月，绵世股份更名为绵石投资，其主营业务从房地产华丽转身变为投资。于是在计算净利润的时候，投资收益成为经常性损益项目，从而不必扣非。尽管营收收入下降了71%之多，但投资收益让绵石投资从2015年的微盈利变成了2016年的扣非净利润增加了469.45%！

如果剔除与房地产业务无关的投资收益，2016年的扣非净利润是亏损7000万元左右，根本不可能达到期权激励的条件。

绵石投资对期权激励政策的使用属于一个特例，大多数上市公司使用期权激励政策时候，通常会带来正能量的促进作用。美国几乎100%的高科技公司、大约90%的上市公司都实施了股票期权计划。如今期权激励在A股也比较普及，为了保证高管利益不受损，期权激励的启动条件一般是稍微努力就可以实现的目标，而且这些目标是有时间限定的。当期权激励公告发布后，投资者就可以利用这些信息判断该企业近期的经营方向以及预期能够实现的经营成果。可以简单地认为，股权激励事件存在投资机会，不仅存在短期预案日公告效应，还存在中长期的执行区间效应。实施股权激励方案的公司的股票具备一定的阶段性投资价值。

3.5.3 绵石投资的投资收益

转型之后的绵石投资第一年就收获了高达2.5亿元的投资收益，其中绵石投资参股34%的拉萨晟灏在2016年4月出售了广州黄埔化工49%的股权，获利3.82亿元，按照权益法核算，为绵石投资当年利润的贡献率为147%（由此可见，2016年7月把主营业务改为投资，是多么有先见之明，如果这笔投资收益作为非经常性损益，期权激励的条件则是根本不可能完成的任务）。

即便是转型之前，绵石投资也是个房地产公司，为什么会有一家化工厂的股权？其实绵石投资的前世也是一家化工企业，1996年，燕山石化旗下的燕化高新在A股上市。2000年，中国石化经过股份制改造后在香港上市，2001年在A股上市，中国石化开始着手清理已经在A股上市的各种关联公司。2004年，燕化高新被中国石化的子公司——燕山石化转让出股权，2007年，更名为绵世股份，成为一家房地产企业。2009年，绵世股份从北京大老远跑到广州，投资了广州黄埔化工。2016年瓜熟蒂落，绵石投资将黄埔化工转手卖给另一家房地产公司——时代地产。大致可以推断，当初购买这家化工企业的时候，并非看中了化工厂本身，而是看好了那块地，并且有能力把工业用地转为商业用地进行房地产开发。

如果说这笔投资收益是经常性损益的话，我想读者和我一样是不太相信的。大幅盈利后，绵石投资并没有分红，也没有在主营业务上持续投入，而是迫不及待地进行期权激励，甚至针对个别高管进行零成本的巨额激励，这简直就是把上市公司当作提款机啊！

3.6 融资的成本——财务费用

小帅的手机坏掉了，他非常想换一台刚上市的新款iPhone，但是最近开支比较大，工资刚到手就花光了，怎么换手机呢？于是刷信用卡买了一台，并做了分期，银行每月收他50元钱的手续费。对于小帅来说，这50元钱就是他筹钱的成本，也就是财务费用。

在中国进行融资，有句话可以形容：只给锦上添花，不管雪中送炭。什么意思呢？当企业不怎么缺钱的时候，金融机构排着队送钱，真正缺钱的企业，反而没有金融机构搭理。反映到上市公司，就是冰火两重天：一边钱多得花不了，拿着大量现金去理财；另一边绞尽脑汁砸锅卖铁卖点血，抵押设备、抵押厂房、抵押股权，抵押一切可以抵押的东西去融资。

Tips：财务费用主要包括利息和金融机构手续费，还有部分涉外企业的汇兑损益等。其中利息是绝对的大头，因此在提到财务费用的时候，如果不特别注明，主要指的是利息。

3.6.1 融资成本过高的企业——财务费用超过净利润

据2016年年报，在3000多家上市公司中，净利润低于财务费用的公司多达579家。这些公司沦落为银行等金融机构的打工仔，辛苦忙碌一年赚的钱还不如付给银行的利息多，许多热衷使用资金杠杆的企业，经常会把杠杆玩成压垮自己的最后一根稻草。

凯迪生态是一家以生物质发电为主的电力公司，生物质有一个严谨的科学定义，简而言之，就是类似麦秸这样的"有生命的可以生长的有机物质"。鉴于生物质分散性强、运输半径小、热值低的特性，生物质发电行业的核心竞争要素在于原料收集渠道是否能够保证充足、低价的生物质原料供应。凯迪生态从2012年开始深耕生物质渠道建设,至2016年渠道建设已基本完成。其业务模式决定了要广撒网,截至2016年,该公司建成投用村级网络收购点1016个,农民专业合作社661个。

这样的网点建设,必然少不了花钱,但凯迪生态的资产负债情况并不太好,以至于无法从银行获取廉价的资金。由于该公司借了较多高利率借款,财务费用已占全部期间费用的77%以上,大大拖累了公司业绩。

为什么越缺钱的企业,越不容易借到成本低的银行贷款呢?这也和银行的风险控制逻辑有关。为了降低银行自身的放贷风险,资产负债情况越好的企业,银行对其评级就越高,该类企业就可以获得越多的授信额度;反之,另外一些企业就很难在银行贷到款。无法从银行拿到低成本借款的企业就八仙过海各显神通,凯迪生态通过高息的企业债券来完成融资需求。

随着广撒网阶段的结束,凯迪生态在2017年实施了优化财务状况的计划。在2016年年报中,公司打算处置部分林业资产股权,收回资金用于压缩负债规模,使资产负债率降至60%以下,并补充生产及在建流动资金。通过对比2017年半年报,可以发现其财务结构改善值得重视,业绩释放核心瓶颈有望逐步消解。各项数据中,筹资活动现金流净额由于公司偿还有息负债,由去年同期12.17亿元变为–31.3亿元,对应短期借款金额由去年同期82.86亿元下降为40亿元。导致公司2016年财务费用居高不下的主要原因,即公司在短期借款中有大量高利率负债,当前公司短期负债规模迅速下降,预计将促使公司财务费用边际发生较大改善,彰显公司资产瘦身计划逐步兑现。

一般而言,在审视上市公司财务费用的时候,可以结合历年财报进行对比。对于建筑工程、房地产之外的大部分行业来说,财务费用长期过高说明其融资成本过高,会影响公司的净利润;而财务费用在个别年份的短期升高,通常和企业的阶段性发展息息相关,比如有可能是通过大量的融资来完成当前重大的项目建设,待项目投产盈利后财务费用就会回落。

3.6.2 财务费用为负数的企业

有一天,同事拿着一张利润表跑来问我,这家公司的财务费用为什么是负数?会不会是因为这家公司有什么猫腻?

我看了看报表，笑着对她说："恭喜你，你发现了一家质地优良的投资对象。"看着她一脸迷惑的样子，我说："财务费用越高，说明这家公司借钱的成本越高；反之亦然，当低到负数的时候，说明这家公司根本不需要借钱，因为存款利息完全覆盖了借钱的利息支出。"

青岛啤酒的财务费用常年为负数，主要原因是利息收入远远高于利息支出和其他财务费用。自2012年以来，青岛啤酒的账面现金一直维持在80亿元左右，各种形式的借款都很少，因此没有缺钱之忧。仅从财务费用就可以推断出该公司的财务状况良好，是值得投资者青睐的对象。（如图3.9所示。）

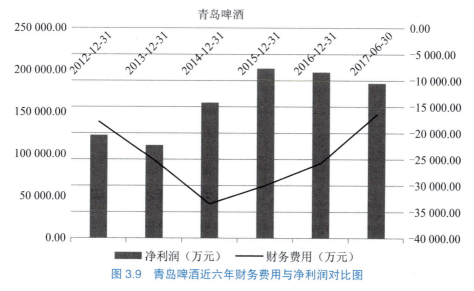

图3.9　青岛啤酒近六年财务费用与净利润对比图

2016年，财务费用为青岛啤酒贡献了2.6亿元利润，超过其利润总额的1/10。也正是融资没有负担，没有后顾之忧的青啤才能轻松地在啤酒类消费市场上攻城拔寨。

除了利息收入可以产生负数财务费用外，还有一种特殊的情况，那就是汇兑损益。一些有外币交易的企业，由于汇率的浮动所产生的差额也有可能导致财务费用为负数。这种情况主要取决于外汇市场的波动，而非企业的真实融资能力的体现。

比如在2016年的年报中，格力电器的财务费用高达-48.45亿元，接近利润总额的1/5，是不是可以采用分析青岛啤酒的模式来判断出其融资能力极佳呢？答案是不能。因为格力电器 –48.45 亿元财务费用中，有 –37 亿元是汇兑损益，这一部分的收益很大程度上是因为人民币贬值。

格力电器盈利能力非常强悍，技术水平也非常高，现金流比较不错。但是财务费用的巨额收益更多的是受益于国家的外汇政策，并不能由此判断企业的融资能力。

因此我们在查看财务费用指标的时候，需要核实一下年报附注，确认财务费用的主要构成是利息还是汇兑收益等其他项目。财务费用中的利息是最能直观展示企业融资能力的指标，如果利息收入是大额负数，那就可以判断这是一家财务状况优秀、融资能力上佳，值得投资的企业了。反之，如果财务费用巨大，并且企业还进行了发行债券、抵押股权，甚至向企业核心高管个人借款等较高成本、高风险的融资操作，那么基本就可以认定这是一家融资能力欠佳、前景堪忧的企业了。

3.7 那些"不务正业"的公司们

Tips：一般情况下，一家企业上市的目的很单纯：股票上市发行后，公司估值迅速成数倍提升，企业价值在资本市场中也迅速提升，有利于公司扩大生产规模，提高市场竞争力，达到盈利效果，这样又会达到提升股价的效果，从而形成良性循环，实现多方共赢。但是，总有一些上市公司的目的与众不同，它们不把重心放在生产经营上，而是做一些"不务正业"的事。

我近日根据 Wind 数据库提供的数据，用程序批量分析了 3000 多家上市公司三年（2014—2016）来的财报，简单筛选就发现了几家比较典型的"不务正业"的公司。

简单介绍一下筛选的逻辑：大部分正常的上市公司都会将主要精力放在经营上，确保盈利、维护股东利益是上市公司应尽的义务，因此在它们的财报中，企业的收益都以主营业务收入为主，在实现的利润总额中，主营业务利润占绝大比例。但有一小部分企业，投资收益、营业外收入远远超出了其营业利润，这样的盈利模式是无法持续的，而且由于这些数字的修饰，仅看净利润等常见指标并不能判断其真实经营情况，它们还在财报的说明文字里隐藏了这样操作的真实目的。于是我把 2016 年年报中的投资收益、营业外收入和它们的净利润做了个简单对比，再按照百分比的大小排序，就从 3000 多家上市公司中筛出了本文这些被选中的公司。

3.7.1　盘根错节——谋取投资收益

以 2016 年年报为基础，以净利润为参照值，我们可以发现，河北宣工、西部资源、国栋建设等公司的投资收益所占比例名列前茅。

作为热炒的雄安板块中的一员，河北宣工最近的知名度可谓一飞冲天，这是一家以生产和销售推土机、装载机和挖掘机为主的企业。其主要利润来源应该是工程机械。但是利润表显示，公司连续三年主营业务是亏损的，在 2014 年，主营利润更是巨亏近 1 亿元。2015 年，通过近 4000 万元的投资收益，实现了 70 万元的盈利，但对于一个年销售额 2.5 亿元的公司来说，这样的净利润几乎可以忽略不计。

从连续三年的营业利润的情况可以推断出，河北宣工并未真正改善经营情况，2016 年主营业务继续亏损，于是出现了高达 1.2 亿元的投资收益，硬生生地将本应巨亏的财报变成了 209 万元的轻微盈利。

据其年报解释，这笔投资收益来自出售股权。我们再仔细研读投资收益明细表可以得知，河北宣工出售了持有的两家公司的股权，分别是深圳市高特佳投资集团有限公司 5.3% 的股权和中工国际股份的股权，仅前一项投资收益便高达 1 亿元。

查询百度百科，我们可以得知高特佳是一家做私募的投资公司，河北宣工作为一家工程机械公司，持有这样公司的股权是为了什么？又是谁接手了这 5.3% 的股权？

根据年报的披露，这是一笔公开挂牌拍卖的交易，并非关联交易，因此年报里并没有提到收购股权单位的更详细的信息。我通过查询公开的企业检索软件得知，"接盘侠"是厦门京道凯翔投资合伙企业。而在 2015 年，赤天化也曾以 3.1 亿元将所持有的高特佳 15.41% 股权转让给厦门京道凯翔投

资合伙企业。

厦门京道凯翔投资合伙企业如今改名为厦门和丰佳润投资合伙企业,它的实际控制人与深圳高特佳的实际控制人均为私募大佬蔡达建先生……

西部资源,从连续三年的财报里可以看出已经亏到极限了,如果 2017 年不能有实质性的好转,恐怕就离 ST 不远了。为了讲好一个故事,公司的管理层也是殚精竭虑,在年报中介绍从事的主要业务等情况时,除了新能源汽车和矿产资源外,占比 80% 的文字表述的是并购重组等各种投资行为了。

这种理念在年报里也得到了体现,2016 年投资收益竟然高达 6.5 亿元,虽然故事讲得很精彩,投资收益很高,却依旧无法弥补亏损。

西部资源年报中,还出现近 3 亿元的退回政府补贴,值得投资者们多了解一下。

同样举步维艰的是国栋建设,主营利润自 2014 年起开始亏损,2015 年更是巨亏 6400 多万元。2016 年为了确保盈利,它先是卖掉了办公楼和两套房子,实现了 3300 多万元的营业外收入,又赶在年底结账之前卖掉两家子公司,实现了 1.37 亿元的投资收益。经过好一番折腾,终于勉强实现了 400 多万元的净利润。

3.7.2 雾里看花——靠政府补贴装饰财报

根据 Wind 数据库提供的数据显示,3000 多家上市公司中,有近 300 家营业外收入超过净利润,甚至有 20 多家超出几十倍。

我选取所占比例最高的三家公司进行对比分析。

先看卖掉核心竞争力的中百集团。随着零售行业的整体下滑,中百集团的营业收入也在逐渐下降,利润萎缩。这样的行业趋势在其他零售连锁企业都得到了验证。在 2015 年仅实现 335 万元的净利润后,2016 年实现了 888 万元的净利润,难道中百集团找到了破解零售行业迷局的法宝?

详细研读年报,发现并非如此,营业利润亏损 2 亿多元,中百集团勉强靠 3.7 亿元的营业外收入弥补了巨额亏损。

这笔营业外收入里,大部分来自固定资产处置收益,我详细分析得知其中 3.16 亿元是出售武汉中心百货大楼的处置收益。中百集团于 2016 年 8 月

24日发布了《关于以部分门店物业为标的资产开展资产证券化的公告》，以资产证券化的名义处置了武汉中心百货大楼，交易相关权益的受让方为东湖创投发起设立的中百百货为基金份额持有人的私募投资基金。而中百集团卖掉这座大楼后，又采取了租回的方式继续经营。虽然名义上是为了"盘活存量资产、优化资产结构"，但究其本质，这笔交易的真实目的就是"制造"利润。

除此之外，在营业外收入里还有5000万元的政府补贴。与888万元的净利润相比，这些营业外收入都是巨资了。

Tips：在A股上市公司里，由于大环境的影响，很多零售企业都遇到了困境，但有些公司积极拥抱"新零售"，通过各种形式谋求转型：或者与电商企业合作，或者开拓新的经营范围。而中百集团却通过账面的调整来保壳，这样临时抱佛脚的行为还能持续多久？

再看吃"皇粮"的安凯客车，三年来的报表，均是主营业务巨额亏损，靠营业外收入弥补亏损并实现盈利。

按照公司公布的经营方向和营收情况，安凯客车的唯一业务是造客车，并没有任何其他业务。但需要额外关注的一点就是，公司还做新能源汽车，这是营业外收入的要点。通过财报明细表可以看到，2016年新能源车的补贴高达19.8亿元，而安凯客车2016年的全年营业利润是亏损19亿元。这笔巨额的政府补贴不仅弥补了亏损，还让安凯客车实现了4600多万元的净利润。

考虑到政策层面对新能源汽车的补贴越来越少，甚至可能在一段时间后消失，安凯客车目前脆弱的盈利能力在失去政府补贴后会怎样？这还是一个未知数。

最后看一看获得花样繁多的政府补贴的华东科技。与安凯客车很相似，华东科技连续三年的营业利润都是亏损的，尤其是2016年，亏损额接近5亿元。但三年来的年报总能化险为夷，净利润都不错，2016年甚至达到了8300多万元。单从数字上看，也属于盈利比较高的优质企业了。

但是，华东科技的盈利能力真的那么强悍吗？我看到，有连续三年的大额营业外收入，在2016年更是破天荒达到6.6亿元。

根据年报披露的业务范围，这是一家以生产触摸屏类的电子元件为主的企业，从产品线看，液晶屏相关的电子元件是绝大多数营业收入的来源，占比近87%。

我们再打开营业外收入的明细表，各种五花八门、名目繁多的补贴琳琅满目，大到开一个展会，小到员工的补贴，当地政府为这家企业操碎了心。比如，"2015年慕尼黑展会补贴"7.53万元，"推进全市发展和利用资本市场奖励"20万元，"稳岗补贴"116万元，等等。

最终出现在年报上的政府补贴为6.5亿元，而华东科技年销售额也不过15.7亿元，这样高比例的政府补助，不禁让人浮想联翩。

从对这几种"不务正业"的上市公司的剖析，我们可以发现，很多公司已经违背当初上市的初衷，或为了保壳撇开正常的经营业务疯狂地投融资，或躺在政府补贴的怀抱里永不"断奶"，没有把公司发展当作责任，没有把投资人利益放在第一位。这样的公司，虽然数据上盈利，但投资者需要擦亮双眼，仔细甄别。

3.7.3 资本盛宴背后——非经常性损益

现在人们经常感慨基因产品的快速普及，有的在短短几年内，就从实验室里的概念变成了普通老百姓能够受益的产品。

而华大基因，正是一家积极把高大上的基因产品做成大众都能接受的产品的公司，基因检测盒甚至做到了只有几百元的价位。

1. 华大基因的IPO历程

华大基因的前身是2010年成立的华大医学，注册资本1000万元，股东分别为华大控股（货币出资950万元，占公司注册资本的95%）和华大三生园（货币出资50万元，占公司注册资本的5%）。

根据招股书提供的历年财务数据，注册资本在2012年仅到位200万元，直至2013年才全面到位。

2013年底，华大医学的注册资金增加到6000万元，而股权结构并未发生变化。

2014年3月，华大三生园将5%的股权转让给华大控股，转让价格为626万元（之前累计投入300万元）。华大控股累计付出6326万元的成本，成为华大医学的唯一股东,此时的华大医学估值1.25亿元。

2014年5月12日,华大控股将华大医学的32%的股份以4480万元的价格转让给华大投资,华大医学的股权结构变更为华大控股、华大投资两个股东,比例分别为62%和38%。此时,华大控股累计付出的成本缩减为1846万元。

两天后的2014年5月14日,深创投等8家机构投资者以29 500万元向华大医学增资,增加注册资本208.24万元,占增资后注册资本的3.35%。又过了两天,2014年5月16日,华大医学再次被增资,4家机构投资者以30 500万元增资,增加华大医学注册资本183.93万元,占增资后注册资本的2.88%。一个月后的2014年6月13日,华大控股向机构投资者转让13.21%的股权,价格是14亿元。而华大控股全部股份的成本只有1846万元。

抢购般的增资并未就此结束,一直到2015年6月,共有超过50家机构投资者(含中途退出)累计向华大医药投资72亿元。在此过程中,创始股东总共套现42.96亿元,并最终持有华大医学67%的股份。

2017年7月14日,华大基因上市交易,随后而来的是12个涨停板。公司市值在225亿元左右,远超上市前的55亿元估值。截至2017年11月15日,华大基因股价接近250元,市值已经逼近1000亿元,成为A股最贵的股票之一。

2. 华大基因的历年营收和资产情况

根据华大基因2017年半年报,公司的主营业务包括生育健康、基础科研、复杂疾病、药物研发和其他业务,如图3.10所示。其中生育健康类服务是华大基因的核心业务,占总营收的54%。

(1)生育健康类服务。该项业务利用先进的多组学和生物信息学技术对胎儿及其父母进行检测和分析,建立了基于孕妇外周血进行无创胎儿染色体异常检测的技术体系,并延伸至孕前夫妇遗传病携带者筛查、孕中流产查因、胎儿宫内异常查因、新生儿耳聋基因检测、新生儿遗传代谢病筛查、单基因病诊断等领域,形成了贯穿婚前、孕前、产前、新生儿等整个生育过程的系列检测产品。主要客户为各地妇幼保健院等。

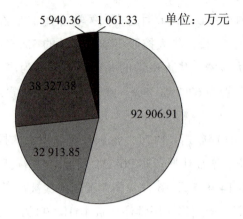

图 3.10　华大基因 2016 年营收构成

（2）基础科学研究服务。该项业务为生物、农业和医学等领域研究者提供从基因测序到生物信息分析的一整套基因组学解决方案，以及基于非测序技术的科研解决方案，例如基因分型、蛋白质组学和寡核苷酸合成。主要客户为中国烟草等。

（3）复杂疾病基础研究和临床应用服务。该项业务对各类复杂疾病的致病机理和发展情况进行深入研究，协助疾病研究者充分认识各类复杂疾病的遗传机制，并依据这些研究结果，指导医生更好地开展针对不同人群的疾病预防、诊断、预后以及用药指导，帮助医疗机构实现临床复杂疾病的防控。主要客户为大型体检中心等。

（4）药物基础研究和临床应用服务。该项业务针对传统上漫长而又艰难的新药研发流程，拓展了致病机理发现、生物标记开发、药物靶位确认和药物风险管控等全套的药物基因组学研究业务，可以有效地帮助制药公司缩短药物的研究与开发周期，提高药物的临床批准率，减少药物研究与开发的风险。主要客户为制药公司等。

需要留意的是，公司成立以来，其他几项业务的销售额几乎无太大变化，只有生育健康类服务从 2012 年的 9200 万元增加到 2017 年半年报的 9.29 亿元，五年来增幅 500%。

据招股书提供的历年财报，近五年来，华大基因的营收和净利润增幅较为平缓，与大多数新上市公司相比，并无太强的增长性，如图 3.11 所示。2016 年全年营收 17 亿元，净利润为 3.5 亿元。销售毛利率和销售净利率分别为 58.44% 和 20.45%，如图 3.12 所示，在医药类企业里，属于正常的水平。

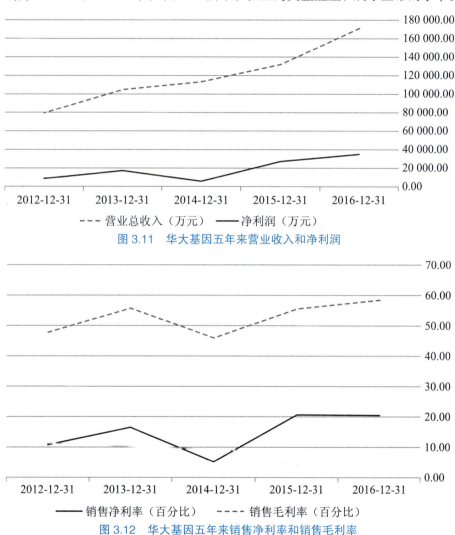

图 3.11　华大基因五年来营业收入和净利润

图 3.12　华大基因五年来销售净利率和销售毛利率

尽管华大基因的营收从 2012 年的 7.9 亿元增长到了 2016 年的 17.1 亿元，增加了 9 亿多元，翻了一番。但是分项目对比主营收入和应收款的情况，会发现营收的增长是存疑的，历年主营收入与应收账款增长情况见图 3.13。

图 3.13　华大基因五年来营业收入和应收账款对比

　　一般情况下，一个企业的应收账款与营业收入的增长是相关的。按照这个逻辑，我们单纯从华大基因的营收、应收账款的对比趋势图看似乎没有异常，但是查阅华大基因招股书提供的历年财报，会发现应收账款的增加主要和生育健康类服务营收增加有关，生育健康类服务增加的收入和应收账款的增加额非常接近。

　　由于 2017 年半年报的客户明细隐去了名字，我们可以根据华大基因招股书提供的 2016 年年报找到客户名，应收账款余额前五名的客户分别为西南医院、美年大健康产业控股股份有限公司、北京科迅生物技术有限公司、无锡市妇幼保健院、安徽省妇幼保健院。以其中的西南医院为例，欠款余额从 2014 年的 658 万元逐步递增到了 2016 年的 2375 万元。2017 年半年报中，排名第一的客户欠款余额为 2875 万元，并计提了 35% 的坏账准备，按照往年的数据，该客户很大可能是西南医院。可见，生育健康类服务的回款率相对较低，且坏账风险较大。

3. 华大基因与同行的市值对比

　　如今，华大基金已经站在千亿市值的门槛上，这意味着什么呢？A 股市场超过千亿市值的企业共有 78 家（以 2017 年 11 月 15 日的收盘价计算），与华大基因市值差不多的医药类企业有云南白药(1039 亿元)和复星医药(989 亿元)。

　　我们对比一下这三家企业的基本财务数据：总资产、营收和净利润。

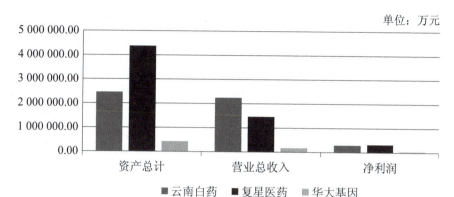

图 3.14 云南白药、复星医药、华大基因总资产、营收、净利润对比

我们不难看出,无论是资产还是营收、净利润,云南白药和复星医药都有足够的实力匹配 1000 亿元的市值。而华大基因的规模和营收净利润,都以巨大数量级的差异远远落后于同等市值的同行。

云南白药是中国历史最悠久的药企之一,有着超强的品牌护城河。拥有 40 条生产线,生产 370 多种药品,其核心产品——云南白药在国内可谓家喻户晓,2017 年上半年营收 119.6 亿元,同比增幅接近 15%,是同期华大基因营收的 13 倍之多。通过历年财报,我们看到云南白药的营收增长曲线(如图 3.15 所示)一点都不比华大基因差,如此庞大的营收基数依旧能保持高增长。

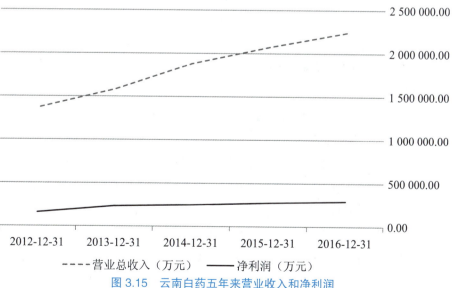

图 3.15 云南白药五年来营业收入和净利润

复星医药也是如此,作为 1998 年就在 A 股上市的老牌药企,研发实力雄厚,每年仅投入研发的资金就是华大基因全年净利润的两倍,营收和净利润的增长曲线非常强势。(如图 3.16 所示。)

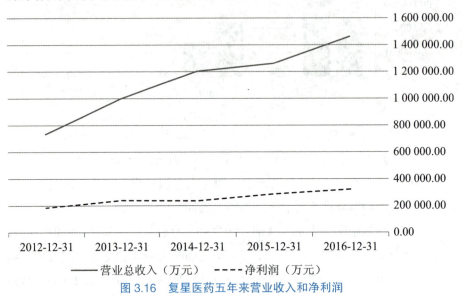

图 3.16　复星医药五年来营业收入和净利润

那么,总资产和营收只有云南白药和复星医药几十分之一的华大基因依靠什么来支撑和云南白药、复星医药平起平坐的千亿市值呢?对此,华大基因在公告中这样回复投资者:近期公司股价涨幅较大,我公司推测可能因为投资者认可公司上半年业绩表现,看好公司的长远发展。

4. 令人担忧的非经常性损益

在并不算绚丽的净利润背后,还隐藏着比例不低的非经常性损益。2016 年,华大基因实现了 3.5 亿元的净利润,然而非经常性损益却高达 1.19 亿元,超过净利润的 1/3,如图 3.17 所示。

其中投资收益 8410 万元,主要为 7248 万元的理财收益和 1432 万元的处置子公司收益。由于上市前就经历了多轮融资,华大基因账面现金非常充裕,在账面 7 亿元现金的情况下,拿 17 亿元购买理财产品。从这个角度看,华大基因融资上市的目的似乎不是扩大生产规模。

其中营业外收入 3498 万元,主要由 3441 万元的政府补助构成。2015 年,正厅级干部、济宁市长梅永红辞职事件传遍网络,梅永红辞职三天后,就加入华大基因。从此事可以了解到华大基因与各地政府的关系密切程度非同一般，2014年来每年都能从政府获取数千万元的补助，并且补助金额连年增加。

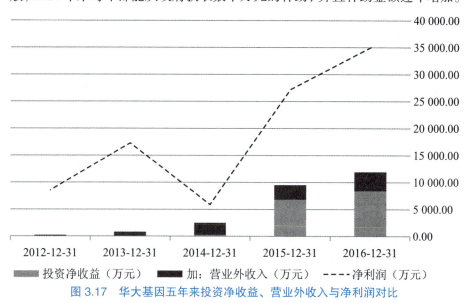

图 3.17　华大基因五年来投资净收益、营业外收入与净利润对比

扣除非经常性损益后，华大基因 2016 年的净利润仅 2.3 亿元。据未经审计的 2017 年三季度季报，华大基因 2017 年 1—9 月份累计实现净利润 3.35 亿元，其中非经常性损益 0.47 亿元。考虑到政府补助年底到位较多，预计 2017 年全年非经常性损益仍然会超过 1 亿元。如此高额的非经常性损益给华大基因的成长性打了一个大大的问号。

Tips：一家营收 20 亿元左右、净利润 4 亿元左右的上市公司，无疑是质地不错的。但是，在 A 股市场上，这样的业绩能够支撑千亿市值吗？当数十家参与融资的资本套利散尽后，谁来接起这庞大的市值呢？

3.8　税金及附加

3.8.1　什么是税金及附加

在利润表的营业成本下面会有一行"营业税金及附加"（营改增后，

这个项目在 2016 年改名为"税金及附加"），大多数投资者看到这里的时候都会略过。其实这里面隐藏着许多关于该企业的真实经营情况的"小秘密"。

什么是营业税金呢？我曾经做了十年财务工作，后来转岗去了其他部门，当时还没有营改增，营业税金里最大的一块就是营业税。如今营改增了，营业税曾作为营业税金最重要的部分在利润表里消失了。现在税金里都剩下了些什么呢？利润表里的税金包括消费税、房产税、车船税、土地使用税、印花税、资源税等。

什么又是附加呢？城市维护建设税和教育费附加属于附加税，是按企业当期实际缴纳的流转税（营改增之前是增值税、营业税、消费税三项）乘一定比例计算出来的。

对于投资者来讲，这一堆计算烦琐的税金有什么参考价值呢？我建议着重看消费税，特定行业看资源税。

国家对许多暴利行业开征消费税，比如烟酒、化妆品、珠宝首饰、汽油、柴油、汽车等。这些行业的消费税可以折射出该企业的高端产品的盈利能力，比如，同是汽车企业，消费税是按照排量不同、零售价不同而区别缴纳的。在销售收入差不多的情况下，消费税缴得多的那个说明高端车型卖得多，更具有投资价值。

比如，据 2016 年年报，广汽集团和江淮汽车的营收差不多，分别为 494 亿元和 525 亿元，而广汽集团的消费税为 10 亿元，江淮汽车为 7 亿元，说明广汽的高端车型销量比较好，整体盈利能力也比较好。长期来看，广汽的客户群体消费能力也相对较强。

2017 年 8 月，A 股掀起一波炒作稀土的行情，于是名字里带有"稀土"二字的股票被炒上了天。在稀土概念股里，其实不乏"碰瓷"概念的企业，北方稀土毋庸置疑是稀土大户，从其年报、半年报可以看到资源税的缴纳情况。而另一个名字里带"稀土"的公司却很奇怪，五矿稀土名字看起来很像一家稀土上游企业，但其利润表的税金及附加里竟然没有资源税，说明了什么？这家公司压根没有任何开采业务！

3.8.2 营改增对上市公司的利弊

为了加快财税体制改革、进一步减轻企业赋税,调动各方积极性,深化供给侧改革,中国自 2012 年起试点,2016 年起全面推广营改增。

我在此讲一下增值税与营业税的区别:简单来说,在营改增之前,售卖货物要缴纳增值税(出售房屋等不动产属于特例,要缴纳营业税),而售卖服务要缴纳营业税。

增值税是价外税,分进项税和销项税。举例说明,一家企业采购 100 万元(不含税价)的商品,按 17% 税率计算进项税 17 万元,共付出了 117 万元的资金;假设 200 万元(不含税价)卖出这些商品,销项税为 34 万元,那么需要缴纳的增值税为进项抵扣销项后的差额,也就是 34–17=17 万元。如果 100 万元卖出,销项税就是 17 万元,需要缴纳的增值税就为 17–17=0 元了。可见增值税税率虽然看起来很高,但实际上因为可以抵扣采购时的进项税,所以只有在赚钱的时候才需要缴纳,所谓 17% 的增值税税率只是进销差价的 17%(2017 年 7 月起,税率有 17%、11% 和 6% 三档)。

但是营业税就不同,无论是否挣钱,只要有收入,就要按比例缴纳营业税。很多企业采购了服务后,成本会叠加到所生产的商品里,这些商品在下一个环节流转的时候,很可能会被缴纳增值税,因此营业税实质上存在着重复缴纳的问题。实施营改增后,就没有了这些弊端。

中国财政科学研究院 2017 年 8 月发布的"营改增试点改革"第三方评估报告显示,营改增试点改革降低了企业税负,促进了企业转变经营模式,推动了财税体制的改革和完善,总体来看是一项成功的改革,预期目标都基本实现。报告同时指出,当前营改增试点仍存在过渡性政策过多、部分行业政策有待完善等问题,建议进一步完善营改增后的增值税制度,适当简并税率,健全增值税抵扣链条,规范和减少过渡时期政策,加快推进增值税立法。

透过这段模棱两可的话,我们隐约可以看到营改增有了一定的效果,但似乎距离原定目标有一点差距。反映在上市公司,确实也是有喜有忧。

1. 营改增受益的九华旅游

据九华旅游 2017 年半年报数据,由于 2016 年 5 月起实施营改增政策,2017 年上半年税金及附加同比减少 532.48 万元。

出现如此显著减税效果的原因是九华旅游特殊的行业特征，在营改增之前，旅游行业是按照营业额的固定比例缴纳营业税的，而在营改增之后，这部分税金变成了增值税，增值税最大的特点就是可以抵扣进项税。也就是说，九华旅游为了实现销售而付出的采购成本中的进项税，可以拿来与销项税抵扣，这就大大降低了税负。

2. 营改增导致营收下滑的美芝股份

既然有政策的受益者，那么自然就会有政策的受害者。美芝股份所从事的特殊业务——建筑、家装在营改增后受损严重。一方面，建筑、家装是劳动密集型行业，大量的劳动力、手工制造等形式的采购无法获得进项发票进行抵扣，无形间税负大大增加；另一方面，营改增后对建筑行业的收入确认有了更为严格的要求，营收与上年同期比会有较大下滑。在房地产调控和营改增政策的双重影响下，2017年半年报中，美芝股份的营收较上年下滑21.67%。

营改增对建筑施工企业的税负影响包括以下两个方面。一方面，劳务费。通常劳务费用占工程总造价的20%左右，而劳务用工主要来源于建筑劳务公司及零散的农民工，农民工提供零星劳务产生的人工费，无法开具增值税发票，自然也就没有可抵扣的进项税额，从而加大了建筑施工企业人工费的税负。另一方面，材料费。材料费占工程总造价的70%左右，其中：混凝土自2014年7月1日起实行增值税简易征收税税率3%。根据税务机关规定，"营改增"后可以开据3%的增值税专用发票准予抵扣，而建筑施工企业的销项税率为11%，使用这些材料就相当于增加了8%的纳税成本，从而加大了建筑施工企业的税负。

A股市场上存在着大量的房地产、建筑施工企业，因此营改增政策对整体上市公司的影响更偏向负面。从实际效果来看，该政策更有利于中小企业。

3.9 缴完税还有税——所得税

企业在实现销售收入的时候要缴纳增值税，如果有消费税等应税项目还要缴纳消费税，月底的时候计算各种附加费。

除了这些经营过程中的税金外，企业还要缴纳企业所得税。

长期以来，中国的企业所得税一直是"双轨制"，普通的企业按照33%的税率缴纳，高新企业、外资企业则享受不同程度的优惠税率。2008年后，企业所得税统一规定为25%，缴纳的基数为应纳税所得额（根据利润总额进行纳税调整）。

3.9.1 企业所得税的计算依据

Tips：我们经常听到一些企业家抱怨当前税负过重，增值税17%，所得税25%云云。实际上二者的计算基数是不同的，增值税在抵扣后实际税率比较低，仅是销售价减去进价后乘以17%，而企业所得税则是以应纳税所得为基数，乘以25%。也就是说，如果企业真的不赚钱，其实是不用缴税的（理想状态）。

应纳税所得额，是根据利润总额进行一定的纳税调整后的金额。上市公司年报里都会有一项，叫作"会计利润与应纳税所得调整过程"。这张表便是所得税的计算过程，也就是把报表上的利润总额调整为需要纳税的应纳税所得额的过程。主要包括不同税率的子公司（虽然普遍税率为25%，仍有一些行业享受优惠税率）调整以前年度影响、非应税收入影响（政府补助等）、不可抵扣的成本费用（超标准的福利费、教育经费等）的影响等。

3.9.2 把利润藏在所得税里——递延所得税调整

所得税项目里有一项叫递延所得税调整，乍一看比较难以理解。递延所得税具体细分为递延所得税资产和递延所得税负债。根据《企业会计准则第18号——所得税》规定，采用资产负债表法核算所得税。即通过比较资产负债表上列示的资产、负债，按照会计准则规定确定的账面价值与按照税法规定确定的计税基础，对于两者之间的差异分别应纳税暂时性差异与可抵扣暂时性差异，确认相关的递延所得税负债与递延所得税资产。

通俗地讲，就是会计上认定的缴税金额与税务局认定的金额不一致，而其中暂时性的（以后税务局就认可了）就是递延所得税。举例说明，很多公司有过了元旦甚至春节以后才发年终奖的习惯，按照税务机关的要求，今年计提的工资今年发完，就可以抵扣所得税。但是如果计提后没有在今年发完，那就对不起了，今年多提的那一部分是不能抵减所得税的，先把税缴上，来年发放的时候，这一部分就不需要缴税了。

大部分公司都会在来年的春节前把上年度多提出来的年终奖发放掉，让员工过年。但是有的公司把这个项目当成了调剂利润的工具，它们在效益不错的年份多计提一些工资，然后在效益不好的时候释放出来，形成净利润。

五粮液公司的年报数据显示，2013年和2012年末的应付职工薪酬余额为23.29亿元和19.71亿元，这两年计提的应付职工薪酬金额为22.31亿元和29.19亿元，实际发放金额分别为18.65亿元和20亿元。也就是说，期末余额相当于一年的工资，年报中解释："应付职工薪酬增加，主要系工效挂钩提取的新增效益工资所致，预计在未来一年以内开支。"实际情况是自2010年以来每一年计提的均未支付。

2012年递延所得税费用为-4.69亿元，其中，因应付职工薪酬余额对应的递延所得税资产金额为4.73亿元。公司连续五年经营性现金流量为正数，理论上不存在无钱发放职工薪酬的问题。因此，其大额应付职工薪酬金额实在不合理。非常大的可能是公司利用此科目调节利润，增加费用以减少利润，为以后年度面对不利经营条件释放利润做准备。

不过从2012年至今，五粮液的效益一直不错，我们还未看到大规模释放利润的后果。另外有一家上市公司也试图利用递延所得税资产来展示盈利能力，结果却玩脱了，这就是獐子岛事件。

2014年獐子岛事件后，这家公司成了无数财经院校课堂上的经典反面例子。獐子岛公告称，决定对成本为7.35亿元的存货进行核销处理，对成本为3.01亿元的存货计提跌价准备2.83亿元，扣除递延所得税影响2.54亿元，合计影响净利润7.63亿元，全部计入2014年第三季度。

根据会计准则，企业对于能够结转以后年度的可抵扣亏损和税款抵减，应当以很可能获得用来抵扣可抵扣亏损和税款抵减的未来应纳税所得额为限，确认相应的递延所得税资产。根据税法，企业纳税年度发生的亏损，准予向以后年度结转，用以后年度的所得弥补，但结转年限最长不得超过5年。

这里有两个关键点：5年，25%。再按照2.54亿元的金额倒推，那就是说獐子岛自以为未来5年的年均利润总额为2亿元以上。这样的数字向投资者和债主们展示了自己未来的盈利能力，但是结果事与愿违。

图 3.18　獐子岛五年来利润总额和净利润情况

通过獐子岛历年来的年报，我们可以看到，它实际上根本没有这样强的盈利能力。2014年以后，虽然略有起色，但依旧挣扎在盈亏平衡点上。

3.10　营业利润、利润总额、净利润和扣非净利润

许多投资者打开F10，想看一下利润，然后看到一串密密麻麻各不相同的利润，就云里雾里了。跑去百度一下，发现都是各色各样的公式或者会计分录，更加困惑。这些"营业利润""利润总额""净利润""扣非净利润"都是什么意思呢？其实这些概念并不复杂，让我们从小帅家的馄饨店说起。

小帅是我的好朋友，和我住一个小区，他丈母娘在小区里开了一家馄饨店。这家小店每个月大约卖5万元的馄饨和各种小吃（营业收入），每月购买原材料1万元（营业成本），房租水电和雇用服务员等杂七杂八的费用有1万元（管理费用、销售费用），小店前期用闲置的资金买了点股票，行情大好，高点卖出，赚了2万元（投资收益），这个月由于环保检查不达标，

被罚款 1 万元（营业外支出），为方便计算，我们此处忽略增值税。

下面我们用一张简单的表格列示这个月的收支情况：

表 3.2　馄饨店收支情况表

营业收入	5 万元
营业成本	1 万元
销售费用、管理费用	1 万元
投资收益	2 万元
营业外支出	1 万元

先说营业利润，字面含义是指通过生产经营获得的利润。看上面的数字，我们会发现馄饨店的收入、成本以及房租、水电、雇员工资都是为了经营而产生的，只有罚款和经营没关系。

所以，营业利润 = 营业收入 – 营业成本 – 销售费用 – 管理费用 + 投资收益 =5–1–1+2=5 万元。那么这张表就变成了以下的样子：

表 3.3　营业利润的计算

营业收入	5 万元
减：营业成本	1 万元
减：销售费用、管理费用	1 万元
加：投资收益	2 万元
营业利润	5 万元
营业外支出	1 万元

再说利润总额，这个指标是指在生产经营过程中各种收入扣除各种耗费后的盈余数额，反映企业在报告期内实现的盈亏总额。顾名思义，这个月产生的各种耗费都要计算在内的,那么罚款(偶然发生的损失)就要计算在其中。

所以，利润总额 = 营业利润 – 营业外支出 =5–1=4 万元。

表 3.4　利润总额的计算

营业收入	5 万元
减：营业成本	1 万元
减：销售费用、管理费用	1 万元
加：投资收益	2 万元
营业利润	5 万元
减：营业外支出	1 万元
利润总额	4 万元

假设馄饨店的所得税率是25%（事实上一般小规模企业都是定额纳税，无须计算所得税，此处为便于理解，视同普通企业），不考虑纳税调整的话（即假设应纳税所得额与利润总额相等），按照利润总额的25%纳税，即：所得税=4×25%=1万元。那么，净利润=利润总额-所得税=4-1=3万元。

表3.5 净利润的计算

营业收入	5万元
减：营业成本	1万元
减：销售费用、管理费用	1万元
加：投资收益	2万元
营业利润	5万元
减：营业外支出	1万元
利润总额	4万元
减：所得税费用	1万元
净利润	3万元

这样，我们对年报上出现的所有带有利润字样的指标都理解了，其实并不复杂。但是还有个指标年报上没有，却经常看到，叫作"扣非净利润"，这又是怎么回事？

馄饨店的主营业务是做餐饮，所以卖股票赚的收益2万元属于"非经常性损益"，在考察馄饨店的盈利能力的时候，要剔除掉这2万元更合理，即：扣非净利润=净利润-非经常性损益=3-2=1万元。

聪明的读者，看明白了吗？下面我们用一个上市公司的真实案例来说明，以高调转型的苏宁云商为例。

据2016年年报，苏宁云商营收1486亿元，净利润4.9亿元，乍一看，这样的业绩似乎还可以，也算成功地从传统零售转型互联网电商了。但是"扣非净利润"为-11亿元，查一下报表，发现当年靠出售子公司股权收益13亿元。除此以外，还有2.2亿元的理财收益——可以看出，苏宁云商把占用供应商货款去买理财当成一种生财之道。对比历年年报，苏宁云商已经连续三年扣非净利润为负值，下一个三年，苏宁云商还有多少子公司可以出售呢？

除了转型并不能算成功的苏宁云商外，靠非经常性损益弥补亏损的上市公司非常多，尤其是濒临ST的。这些企业绞尽脑汁，依赖出售股权、房产甚至依赖政府补贴，实现净利润为正，从而避免戴上ST的帽子。

关于扣非净利润，最经典的案例当属 2017 年的新都退市大戏。新都酒店业务一直做得不好。2000 年后，该公司业绩不断下滑，但是该公司有一个会做账的财务团队。不断通过各种花里胡哨的"财技"，将会计报表修改得能通过证监会审查。2014 年间，公司经历了两次 ST，在 A 股市场上惊险浮沉。到了 2015 年，新都酒店的会计也摆不平了，该公司陷入破产清算。2016 年，经过修饰后的财报符合回归 A 股的条件，新都酒店提出了恢复上市申请，深交所受理了申请。此外，针对公司 2015 年度高尔夫物业租金收入 2950 万元是经常性损益还是非经常性损益的问题，新都酒店特意委托大信会计师事务所进行了专项复核，并签订了《审计业务约定书》。大信会计师事务所认为，将高尔夫物业租金收入 2950 万元作为 2015 年度主营业务收入符合企业会计准则规定。新都酒店恢复上市的进程井井有条地进行着。然而，天有不测风云，2017 年 4 月 25 日，新都公告称，收到天健会计师事务所（特殊普通合伙）湖南分所出具的《调整 2015 年度非经常性损益及相关信息披露的函》，将公司 2015 年度营业收入中确认的 2014 年度租赁期的高尔夫物业租金收入，从经常性损益事项调整为非经常性损益。这一调整意味着，新都酒店 2015 年扣非净利润变为 –103 万元，不符合申请恢复上市的条件了。随即，深交所宣布新都退市进入执行阶段，经过 30 个交易日的退市整理期，新都于 2017 年 7 月 6 日从深交所退市。

Tips：综上所述，在形形色色的"利润"指标中，最有参考价值的是扣非净利润，因为这个指标最大限度地还原了企业的真实盈利能力。所以投资者可以关注该指标，作为投资依据。

第 4 章

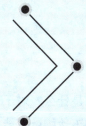

现金流量表部分

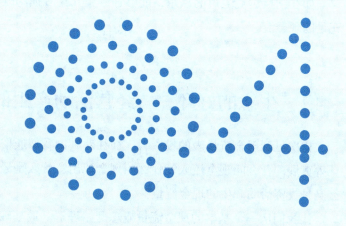

Tips：一份财务报告，如果只看一个指标，那么最重要的是什么？对于A股有退市风险的企业来讲，自然是净利润，因为一旦净利润不达标就可能面临退市。但是对于绝大多数正常经营的企业来说，最重要的财务指标却是现金流。净利润代表了企业将来"活得好"的能力，而现金流代表了企业当下"活下去"的能力。

如在纳斯达克上市的京东，能够连续十几年亏损却屹立不倒，靠的就是充足的现金流。

4.1 生意的好坏——经营活动产生的现金流量

初次见到现金流量表的投资者，往往对其中看似通俗却并不易懂的项目一筹莫展。什么叫现金流入？什么叫现金流出？什么是经营性现金流量？什么又是投资活动产生的现金流量？

让我们从一个基本的现金流量概念开始理解。最基础的现金流量表编制方法叫作T型账户法，意思是画一个"T"字，左边记录现金流入，右边记录现金流出。比如买早饭花了10元钱，就放在右边；又比如今天发了5000元工资，就放在左边。最终形成一个报告期内全部现金流入流出的汇总表，即现金流量表。

其中，销售商品、提供劳务等与经营有关的现金流入，被称作经营活动产生的现金流入；购买商品、接受劳务等与经营有关的现金流出，被称作经营活动产生的现金流出。

经营活动产生的现金流入减去经营活动产生的现金流出，叫作经营活动产生的现金流量净额。

看完这一段绕口令般的说明，让我们结合实际例子具体理解。

4.1.1 经营活动产生的现金流入

据 2016 年的年报数据，A 股上市公司中，中国石化与经营活动有关的现金流入金额最大，为 21 637 亿元，但是它当年的营业收入却只有 19 309 亿元。这两个数字是什么意思呢？

第一个数字说明在 2016 年度，中国石化因为生产经营共收到了 21 637 亿元款项，包括卖油、卖化肥、卖设备的货款；而第二个数字说明中国石化当年实现了 19 309 亿元的销售收入。二者为什么会有这么大的差额呢？为什么收到的钱比营业收入还要多呢？这是因为收到的钱里有以前年度的，这可能与中国石化内部的清欠管理制度有关，收回了更多往年的欠款，从而使当年的现金流入大于营业收入。我们通过现金流量表（结合利润表的营业收入）就获得了这么多的信息，对中国石化的经营情况有了大体的了解，也知道它卖的东西基本都收回了货款。那么有没有卖掉东西当年收不回货款的情况？

有，还有很多。有一家叫太阳鸟的上市公司，经营风格非常奇特，属于"一年不开张、开张吃一年"的类型。这家公司的主营业务是卖游艇，听起来很高大上，但仔细一想这种业务在中国好像客户群不多。没错，确实如此，这家上市公司 2016 年销售商品、提供劳务产生的现金流量为零，而当年的营业收入为 5.87 亿元。这又是怎么回事？原来在豪华游艇不景气的现在，太阳鸟的主要客户群体是政府，订单商品是商务游艇和定制的特种作业游艇，政府结算并不及时，在 2016 年度实现的销售收入，订购方根本没有付款，导致没有销售商品产生的现金流入。

现金流量表的销售商品、提供劳务收到的现金项目，要和利润表的营业收入项目进行对比分析。企业为了做大利润，利用非常规手段进行赊销，会导致营业收入与销售商品、提供劳务收到的现金流入严重不匹配，这种营业收入的风险比较大。

除了销售商品、提供劳务收到的现金外，经营活动产生的现金流入还有税费返还、其他与经营活动有关的现金流入项目，后者主要包括押金、政府补助、往来款项、银行利息等。

4.1.2 经营活动产生的现金流出

让我们继续回到中国石化的 2016 年度现金流量表，其中购买商品、接受劳务支付的现金为 15 479 亿元，这个数据需要和利润表中的营业成本进行比对，中国石化当年的营业成本为 14 922 亿元。购买商品、接受劳务支付的现金大于营业成本的原因通常是该公司支付了以前年度的采购款。

太阳鸟 2016 年度购买商品、接受劳务所支付的现金为 3.89 亿元，而利润表中的营业成本却高一些，为 4.5 亿元。营业成本相对较高大多是因为在采购商品的时候采用了赊购等方式，这些欠款需要在未来报告期内偿还。如须详细核对经营是否合理，还可以再比对资产负债表的应付账款变动情况。太阳鸟 2015 年的应付账款余额为 0.7 亿元，2016 年应付账款增加到 1.2 亿元。考虑到仍有 2015 年之前的采购欠款，因此资产负债表和现金流量表的数据基本能够匹配起来。

现金流量表的购买商品、接受劳务支付的现金项目要和利润表的营业成本项目进行对比分析。二者的数值不应有过大的差距，如果营业成本远远大于购买商品、接受劳务支付的现金，那就说明存在着较大的偿债压力；反之，说明在完成当年生产经营任务的同时，还偿还了一部分往年的采购货款。

除了购买商品、接受劳务支付的现金外，经营活动产生的现金流出还包括支付给职工以及为职工支付的现金——主要指人工成本，支付的各项税费，以及支付的其他与经营活动有关的现金，如押金、往来款、罚款、银行手续费等。

4.1.3 经营活动产生的现金流量净额

经营活动产生的现金流入减去经营活动产生的现金流出，就是经营活动产生的现金流量净额。该指标体现了这家公司的"真实"的盈利能力，也就是当前"赚到钱"的情况。有些公司虽然营收很高，利润不错，但经营性现金流入为负，说明这一年实际上没有赚到钱，由于赊销等原因，只是账面上显示赚钱。

因此，衡量一家企业的优劣，经营性现金流量净额是非常关键的一个指标。为了体现更好的成长性，许多上市公司会不同程度地修饰财务报告，调节净利润等指标，但相对来说，现金流量净额的指标很难调节，因此在进行短期投资的时候，该指标往往要比净利润更重要。

4.2 资产的多寡——投资活动产生的现金流量

现金流量表的第二部分是投资活动产生的现金流量，投资活动是指什么呢？在会计上，通常把购建或处置固定资产、无形资产和其他长期资产等经济活动定义为投资活动，所产生的现金流入、现金流出就是投资活动产生的现金流量。

4.2.1 投资活动现金流入

该项目包括收回投资收到的现金，取得投资收益收到的现金，处置固定资产、无形资产和其他长期资产收到的现金净额，处置子公司及其他营业单位收到的现金净额，收到的其他与投资活动有关的现金等项目。

其中收回投资收到的现金和取得投资收益收到的现金有关联也有区别，前者反映企业出售、转让或到期收回除现金等价物以外的交易性金融资产、持有至到期投资、可供出售金融资产、长期股权投资等收到的现金；后者反映企业因股权性投资而分得的现金股利、因债权性投资而取得的现金利息收入。

根据上汽集团连续多年来的年报数据（如图4.1所示），可以看出，2015年起投资活动的现金流入开始爆发式增长。但翻遍利润表，并未发现2015年度的经营方向有剧烈的变化，营业收入也没有大幅波动，这是怎么回事呢？通过研读2015年和2016年的年报发现，原来是上汽集团的子公司上海汽车集团财务有限责任公司大规模地购买和赎回基金类产品，从而抬高了收回投资收到的现金金额。

图4.1　上汽集团投资活动现金流入流出对比图

对比上汽集团2015年以来的资产负债表，也可以看出其中的奥妙，可供出售的金融资产余额连年增加。

收回投资收到的现金流入、取得投资收益收到的现金流入代表着该公司有稳定的投资收益模式，如果大于对应的投资活动产生的现金流出，则说明该公司的现金流非常充裕。

Tips：处置固定资产、子公司等实现的现金流入，通常是非经常性的，某一年度的突然增加不能说明该公司现金流变好。相反，很可能是因为经营情况太差，不得不靠出售资产来弥补亏损。许多ST的公司会在报告期末用出售房产、子公司、部分股权等方式来勉强实现利润，确保不被退市。

4.2.2　投资活动现金流出

该项目主要包括购建固定资产、无形资产和其他长期资产以及收购子公司产生的现金流出。成长型企业的该项投资通常数额巨大，对应着资产负债表的固定资产、在建工程、无形资产、长期股权投资等项目也会有增加。

2016年，上汽集团购建固定资产、无形资产和其他长期资产产生的现金流出为173亿元，基本约等于固定资产、在建工程、无形资产等项目2016年的金额减去2015年的金额。这说明上汽集团在进行资产购置、改造升级的过程中，付现率是比较高的。

成长型企业的投资活动现金流出是比较大的，相应的数据变化可以与资产负债表的项目进行比对。

4.2.3 投资活动产生的现金流量净额

据2016年年报数据，3000多只A股上市公司股票中，超过85%的投资活动产生的现金流量净额为负数。这说明从整体上来看，上市公司在购置固定资产和企业并购方面处于扩张阶段。

从个股来看，一部分企业投资活动产生的现金流量净额为正数是因为没有更好的投资手段而去购买基金等理财产品。

2016年A股的投资之王是民生银行，全年斥资2.65万亿元进行投资，这样的大手笔，也促成了当年投资活动产生的现金流量净额为-1.2万亿元。好在民生银行的投资方向是正确的，在2017年半年报中，投资活动产生的现金流量净额就变成了1600亿元。

4.3 借钱的能力——筹资活动产生的现金流量

4.3.1 筹资活动产生的现金流量——上市公司的融资方式

企业上市最大的动力之一，就是可以更加容易融资。上市公司有比非上市公司更多的融资渠道。等企业开始五花八门的融资的时候，现金流量表的筹资活动产生的现金流量部分就会变得密密麻麻的了。

除了普通的银行贷款、借贷、信托等常规融资渠道外，上市公司可以进行的融资方式主要包括增发、配股和可转债。另外，上市公司具有特殊性，还可以进行股权质押借贷。

提到筹资，不能不提到乐视网，它近五年来的筹资活动产生的现金流入几乎是在直线增长，如图4.2所示。

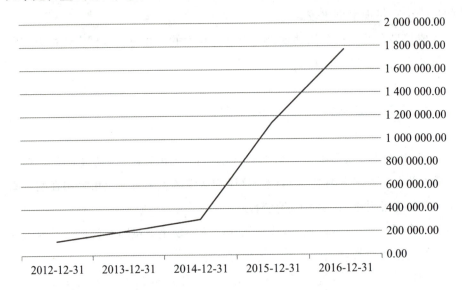

图 4.2　乐视网近五年筹资活动产生的现金流入

2016年现金流量表显示，乐视网筹资活动产生的现金流入超过177亿元，包括111亿元的吸收投资收到的现金（发行股票、债券等方式筹集的资金实际收到股款净额）、63亿元通过借款取得的现金（几乎用光了所有的银行贷款额度，这63亿元借款中还有向股东个人的借款）。

即便是增长性良好的企业，业绩也很难做到火箭发射式暴增。因此，当一个企业的筹资活动产生的现金流量远远高于往年水平，并且没有杀手锏式的全新业务出现时，就需要警惕了。

4.3.2　现金流量表实例：青岛海尔

因为现金流量表与银行（现金）日记账相匹配，而银行日记账伪造的难度和风险极大，所以现金流量表属于财务报告中最接近"真实"的一张表。在阅读现金流量表的时候结合利润表、资产负债表等相关表，可以很好地判断出利润表项目的真实性，大体估计出被投资企业业绩的真实水平。

Tips：银行日记账伪造难度大的原因在于，每笔日记账都是与银行对账单严格对应的，而银行对账单是可以在银行找到副本的，复查非常容易。只要是负责任的事务所都会对这部分单据进行审计和核对，出现大差错的可能性极小，就算事务所串通企业造假，在银行单据上造假也是风险最大的，因此现金流量表相对真实。

在了解了现金流量表的构成后，我们看一个通过现金流量表来判断企业经营情况的实例。2016年的年报显示，青岛海尔的现金流量净额是–15亿元。负现金流量净额的企业是否有投资价值呢？大多数情况下，负现金流量净额的企业面临欠款难以收回、投资不力、融资渠道受限等问题。但是，由于存在特殊情况，在下结论之前也要从现金流量表的具体构成来分析实际情况。

1. 与经营活动有关的现金流量

现金流量表中最核心的部分是经营性现金流量，2016年青岛海尔销售商品、提供劳务产生的现金流量为1365亿元，而同年营业收入为1196亿元，可见，公司新增收入基本没有赊销。而经营性现金净流量为80亿元，说明海尔的经营情况还是可以的。

2. 与投资活动有关的现金流量

那么，是什么让它的现金流量净额为负值的呢？正是投资活动产生的现金流量，2016年1月，海尔斥资354亿元购买GE Appliances（Bermuda）Ltd.（下面简称GEA）100%的股权，导致投资活动产生巨大的现金流出，从而影响了当年的总现金流。

这次并购并没有完全得到投资者的认可，青岛海尔的股价在复盘日低开。不过，经过半年的磨合，从2017年上半年的经营情况可以看出，这桩生意海尔是受益的。整合GEA的效果超预期（成本协同与产品协同）：公司上半年的全球采购资源整合以及设计模块的标准化、合同化带来了大约2000多万美元的成本协同下降，2017年的成本协同效应估计会达到5000万美元，超出之前的指引和市场预期。

3. 与筹资活动有关的现金流量

青岛海尔的筹资手段比较单一，基本都是银行借款。很少吸收投资，也没有发行债券，因此可以判断海尔并不太缺钱，投资者对其持续运营能力大可放心。

4. 常见的现金流量指标判断方法

"销售商品、提供劳务产生的现金流入"对比分析利润表中的"营业收入"。二者通常情况下差不多，如果前者比后者小太多，说明销售业务以赊销为主，有无法收回货款的风险，也有虚增收入的可能。

"购买商品、接受劳务产生的现金流出"对比分析利润表中的"营业成本"。二者通常情况下差不多，如果前者比后者小太多，说明采购业务以赊购为主，公司的供应链控制水平较高。

"收回投资收到的现金"对比分析资产负债表中的"长期股权投资"，对比历年变化数。

"取得投资收益收到的现金"对比分析利润表中的"投资收益"。如果前者比后者小太多，则投资收益并没有在当年收回全部现金，有关联交易或者准关联交易做大利润的嫌疑。

"处置固定资产、无形资产和其他长期资产收回的现金净额"对比分析资产负债表中的"固定资产""无形资产"等项目。这里的金额如果太大，说明这个企业砸锅卖铁卖点血换钱，日子快过不下去了。

"处置子公司及其他营业单位收到的现金净额"对比分析资产负债表中的"长期股权投资"。我们可以到附注里去看一下卖掉的是哪个子公司，卖给了谁。A股常见的是卖给了关联公司，然后赚一波非经常性收益，确保不亏损。

"购建固定资产、无形资产和其他长期资产支付的现金"对比分析资产负债表中的"固定资产""无形资产"等项目。如果这个项目比较大，可以看一下它年报里是不是新上了什么项目，这家公司可能要暴发了！

"吸收投资收到的现金"对比分析资产负债表中的"资本公积"。

"取得借款收到的现金"对比分析资产负债表中的"短期借款""长期借款"。我们看一下附注，公司借的谁的钱，借银行的说明该公司比较安全，借其他企业甚至个人的，那先看看这家公司是不是叫作乐视网。

4.4 为什么现金流比利润还要重要

快过节了，小帅买了几瓶好酒，两条好烟，送到丈母娘家。除这个月的工资花得一干二净外，还借了不少钱，差点还不上房贷的月供。尽管如此，他手头还有借来的一万元钱现金，所以还不至于落魄到露宿街头。如果每月都能借到钱，小帅就有能力维持自己原来体面的生活。

苏宁云商亦是如此，2014年至2016年三年的扣非净利润分别为 –12.52 亿元、–14.65 亿元和 –11 亿元，尽管扣非净利润连年下滑，但是账面上现金并不匮乏，甚至还有的是闲钱去理财，获取不菲的理财收益。换作别的公司，主营业务如此亏损，早就撑不下去准备关门或者卖壳了，但苏宁云商的现金流量表竟然还很好看。2012年以来，除了由于发展新业务以及构建线上"苏宁超市"导致2014年现金流量表为负值外，其余年份的现金流均非常可观，如图4.3所示。苏宁云商究竟使用了什么"财技"让现金流如此充裕呢？

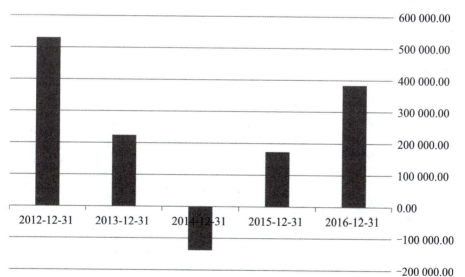

图 4.3　苏宁云商五年来经营活动产生的现金流量净额

其实这是零售企业常见的一个操作手法，苏宁云商把它从线下带到了线上：延长供应商账期。说白了，就是靠拖欠供应商的货款。

4.4.1 盈利能力不断下降

本着不变革就会等死、变革就是找死的态度，苏宁在 2011 年开始全力转战线上。2011 年，苏宁营收、净利润分别达到 938.9 亿元和 48.2 亿元。彼时的阿里和京东还没有和苏宁掰手腕的资格，2011 年阿里营收、净利润分别为 119 亿元和 16.1 亿元；当年自营收入占比 99% 的京东，2011 年营收达到 211 亿元，但净利润却是亏损 12.8 亿元。

京东在 2012 年掀起价格战的时候，还在碰瓷苏宁，刘强东靠怼张近东制造影响力，当时京东的营收还无法比肩苏宁。但到了 2016 年，京东无论是市值还是营收都已经超过苏宁：京东营收超过 2000 亿元，苏宁只有不到 1500 亿元。此时的刘强东已经闭口不提张近东了，京东经过多年的亏损，实现了主营业务的盈利。逆水行舟，不进则退，这些年的苏宁并没有达到预期目标。（参见图 4.4。）

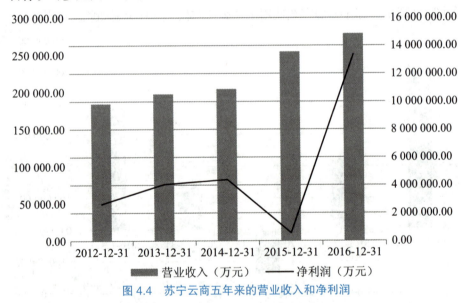

图 4.4　苏宁云商五年来的营业收入和净利润

据历年财报，苏宁云商销售毛利率在 15% 左右，略低于期间费用率，并且销售毛利率有逐渐下滑的趋势。销售净利率水平低下，2016 年的销售净利率仅有 0.33%。我们通过分析报表的数字可以得出结论，苏宁云商虽然发展了母婴业务、图书业务、线上超市等新兴业务，但是仍然未解决作为一个企业最根本的问题——盈利问题。

4.4.2 处置子公司实现高额投资收益

这些年苏宁云商靠什么盈利呢？2012年艰难转型后，苏宁云商坚持靠银行理财收益以及政府补贴（每年政府补贴在10亿～32亿元之间）弥补亏损。

2013年，苏宁继收购母婴电商红孩子之后，着手收购PPTV。对正在极力转变为互联网公司的苏宁云商来说，流量、渠道、内容这些是非常重要的因素，同时还有一个很重要的是团队，这些团队融合得好的话，能够给苏宁带来新鲜血液，注入互联网思维。作为老牌的传统线下企业，苏宁有着根深蒂固的旧的思维模式，在电商行业里难有作为。张近东野心极大，苏宁有国内最大的家电销售渠道，有多年合作的电视厂家，还有自己的电商网站。买PPTV，做内容，做服务，占领客厅中心位置是他的构想。

2015年，在引入流量方面疲于奔命的苏宁选择了投奔阿里巴巴，曾经的小弟如今已经长成了参天大树，苏宁选择了背靠大树好乘凉，好在引流方面节约大量成本。但是，由于PPTV和阿里的业务冲突，苏宁不得不将其出售。2015年，苏宁云商靠出售PPTV股权获取13.97亿元的投资收益。当然，这实际上是一个左手倒右手的资本游戏：接盘方是苏宁集团的另一家不参与上市公司并表的子公司——苏宁文化。

2016年11月，苏宁云商靠出售北京京朝股权，实现13亿元的投资收益。购买方为苏宁电器集团，对此苏宁云商公告称：近年来，公司持续推进轻资产化的发展模式，通过盘活存量资产，实现沉淀资产的市场价值，回笼资金支持互联网零售核心能力建设，以提高市场竞争力。苏宁云商通过转让北京京朝苏宁股权至苏宁电器集团平台，实现物业运营及零售经营的专业化分工协作，公司专注于互联网零售经营，而集团则专注于商业资产平台的建设及运营，实现资源的合理配置及运营效率最大化。

这些冠冕堂皇的说辞都掩饰不了一件事：苏宁云商的巨额收益其实是通过集团公司输血实现的投资收益。

正是这些非经常性的政府补贴和投资收益，使苏宁云商在扣非净利润大幅亏损的情况下继续保持净利润为正，暂时无退市之忧。

4.4.3 占用供应商货款带来的现金流

据 2016 年报表，苏宁云商应付账款和应付票据之和高达 380 多亿元，这说明苏宁云商占用供应商货款较多。近年来，苏宁云商采购流程营运资金中应付款项的占比每年都达到 80% 以上，说明占压供应商资金的情况非常严重。

由于控制权的变化，我国零售行业内广泛出现了一种全新的盈利模式——占压供应商资金的模式，作为大型专业零售企业的苏宁云商也是参与者。苏宁云商凭借强大的全国性的销售网点和在线网店，面对供应商有很大的话语权，进而形成"扩张规模—增加账面现金—继续占用供应商货款用于规模扩张—进一步提升零售价值"的资金循环体系。这种模式加快了企业的扩张，只要企业不断扩张，就没有资金之忧，这也是苏宁云商马不停蹄地增加各种各样新业务的原因。这种资金循环模式可以短期内提高企业的营运资金管理绩效，也可以对企业规模扩张产生重大的影响，但是并不能真正反映企业自身的市场竞争力，甚至还会影响企业的创造力，使企业失去改革的动力。

另外，苏宁云商通过大量占用供应商贷款进行无本万利的经营，并把未结算的供应商货款拿去理财，如果苏宁云商与供应商发生冲突，很容易造成资金链断裂，导致危机爆发。从这个意义上讲，企业严重占用供应商的货款面临巨大的风险。

4.4.4 传统零售行业的"新零售"之路

马云说过，纯电商时代过去了，未来十年是新零售的时代，未来线上线下必须结合起来。无论是国外的电商巨头亚马逊，还是国内的天猫和京东，都逐渐从纯线上走到了线上线下一体化，甚至在很多城市出现了无人超市的尝试。

Tips：随着网络购物越来越普及，尤其是网上超市等模式的开展，传统零售业受到的冲击巨大。上市公司中的传统零售企业都在经历着业绩下滑无以为继的困境，与早早转型的苏宁云商相比，其他传统零售企业的转型更是历尽艰辛。

德勤中国发布的《传统品牌企业的新零售转型升级之路》白皮书显示：

在实现"新零售"转型的过程中，传统企业面临多重挑战。而提升供应链管理效率，已成为这一转型过程中最重要的挑战和绝大部分传统企业的战略建设方向。在"新零售"模式下，线上和线下的边界已变得非常模糊，消费者时刻活跃在线上和线下场景中。企业需要转变观念，着力研究消费者所处的位置以及消费的时间，争取在更多的场景中与消费者进行互动，以覆盖其从需求到购买到退换的消费全过程，提高流量和转化率。

在传统企业拥抱线上的过程中，苏宁云商抢占了先机，作为曾经的老大哥甚至不惜放下身段与阿里合作。从这个角度看，苏宁云商的转型至少是顺应市场的。至今仍在坚守纯线下的零售企业，都过得越来越艰难。如银座股份在出具2016年的年报后，就收到了上交所的问询函，要求其解释效益下滑原因及解决方案，该公司的回复也很无奈：受宏观经济增速放缓、电商崛起分流实体店销售及竞争加剧等诸多因素影响，公司零售营业收入及毛利率均下降较大，导致利润减少。

永辉超市、供销大集、天虹股份等开始转型为"新零售"的零售企业，推行线上线下联动的业务转型，在2017年也收到了初步的效果。根据2017年披露的中报数据，大部分新零售企业都实现了利润增速普遍超过收入增速。

4.5 现金流相对于净利润的重要性

对于零售类企业来说，就算扣非净利润亏损，哪怕净利润亏损，只要现金流状况良好，短期内都不会影响企业的经营。虽然有占用供应商贷款这种特殊经营模式存在，但只要零售类企业规模不断扩张，对供应商货款的占用还算合理，就会有源源不断的现金流，企业就具有投资价值。比如京东至今仍未真正盈利，但由于经营范围的不断扩张和主营业务亏损的不断缩窄到实际盈利，并不妨碍其非常具有投资价值，京东的股价也证实了这一点。

但是，如果该公司不思进取，完全停留在原有模式而不做任何改变，那么与其合作的供应商就会越来越少，业务规模也会停滞不前，最终在主营业务不断亏损的情况下，现金流也会枯竭。

第 5 章

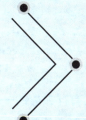

所有者权益变动表部分

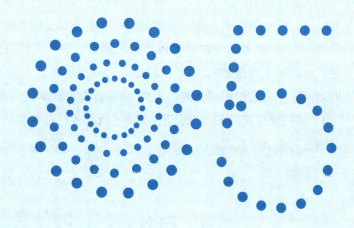

Tips：财务报告的四张报表中，所有者权益变动表是最没有存在感的一张表。很多分析师在快速看年报的时候，甚至不看这张表。与资产负债表、利润表、现金流量表不同，所有者权益变动表的所有项目都不是"独一无二"的，而是散落在其他表的项目中的。站在一个报表工作者的角度看，感觉它像是为了单独体现所有者权益而拼凑出的一张表。

从会计准则的要求来看，所有者权益变动表是为了保护投资者利益，而专门设立的一张报表，非常清晰地展现所有者权益的变动情况。根据《企业会计准则第30号——财务报表列报》要求，所有者权益变动表至少应当单独列示反映下列信息的项目：（1）综合收益总额；（2）会计政策变更和前期差错更正的累积影响金额；（3）所有者投入资本和向所有者分配利润等；（4）按照规定提取的盈余公积；（5）所有者权益各组成部分的期初和期末余额及其调节情况。

5.1　所有者权益的分类

所有者权益变动表将所有者权益划分为两大部分：归属于母公司的所有者权益和少数股东权益。简单理解的话，所有者权益就是上市公司所有的分子公司打包在一起后的净资产，而归属母公司的所有者权益就是属于上市公司自己的净资产，少数股东权益就是除了上市公司这个大股东之外的其他小股东的净资产，这部分净资产实际上和上市公司无关。

归属于母公司的所有者权益包括股本、其他权益工具（优先股、永续股、其他）、资本公积、库存股、其他综合收益、专项储备、盈余公积、一般风险准备和未分配利润。这些项目全部对应着资产负债表的所有者权益部分，如果资产负债表看得足够仔细，此处并无新意。

5.2 所有者权益变动表中的变动部分

尽管大部分数据来自其他报表，但是所有者权益变动表中还是有自己特别的部分，也就是所有者权益变动部分。所有者权益的变动可能是新增净利润的影响，也可能是发行新股的影响，仅仅通过资产负债表的期初、期末余额对比，很难了解更为清晰明细的内容。

在阅读所有者权益变动表时，我们建议投资者关注其中的所有者投入和减少资本，纵向栏中则关注其他资本公积的变化，然后单独看一下股份支付计入所有者权益的金额，至于本表中的其余项目，只需要了解资产负债表相关内容就足够了。

其他资本公积在年报中的变化情况至关重要，代表着可能实现但尚未实现的盈利，比如可供出售的金融资产的公允价值和账面价值的差额[①]。因此，关注所有者权益变动情况，可以了解到上市公司可能的盈利情况。

股份支付计入所有者权益的金额通常是涉及股权激励的内容，股权激励会影响到当期利润，而影响的额度就会体现在股份支付，计入所有者权益中。

如万科企业股份有限公司（以下简称万科）2017年半年报较2016年年报增加资本公积9.4亿元，体现在股东投入和减少资本里，年报中披露这是因为：其他资本公积主要包括本集团子公司因引入战略投资者的非控制股股权而产生的资本公积。

如果仅仅是阅读资产负债表的所有者权益情况，我们很可能会忽略这些重要信息。

---

① 2018年执行新金融工具准则之后，会有一定的变化。

第 6 章

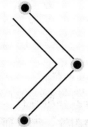

附注里的干货

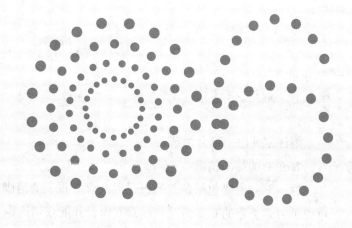

在标准的八张年报报表（资产负债表、利润表、现金流量表和所有者权益变动表，母公司、合并口径各四张）的最后，会有财务报表附注。而且通常只有年报才会有附注，根据企业会计准则的要求，附注是强制披露的。

年报中的财务报表部分通常只有十几页，但附注往往有几十页甚至上百页，并且有许多非常晦涩难懂的内容，如何快速地掌握并理解呢？

6.1 如何看附注

6.1.1 附注的结构

附注主要由七部分组成：

1. 企业的基本情况

这一部分主要包括企业的概况以及合并报表的范围，在这一部分投资者可以了解到企业的基本情况和经营方向，并能获知该企业的分子公司情况。

2. 财务报表的编制基础

这一部分是财务报表的编制基础，除非是 ST 退市等极端情况，此处是不会有异常的。

3. 遵循企业会计准则的声明

这一部分会有一些企业标记出根据实际生产经营特点制定的具体会计政

策和会计估计，大多是折旧、坏账准备、收入等相关政策。

4. 重要会计政策和会计估计

根据财务报表列报准则的规定，企业应当披露所采用的重要会计政策和会计估计，可以不披露不重要的会计政策和会计估计。

（1）重要会计政策的说明

由于企业经济业务的复杂性和多样化，某些经济业务可以有多种会计处理方法，即存在不止一种可供选择的会计政策。例如，存货的计价可以有先进先出法、加权平均法、个别计价法等；固定资产的折旧可以有平均年限法、工作量法、双倍余额递减法、年数总额法等。企业在发生某项经济业务时，必须从允许的会计处理方法中选择适合本企业特点的会计政策，企业选择不同的会计处理方法，可能极大地影响企业的财务状况和经营成果，进而编制出不同的财务报表。为了有助于报表使用者理解，有必要对这些会计政策加以披露。

（2）重要会计估计的说明

财务报表列报准则强调了对会计估计不确定因素的披露要求，企业应当披露会计估计中所采用的关键假设和不确定因素的确定依据，这些关键假设和不确定因素在下一会计期间内很可能导致对资产、负债账面价值进行重大调整。

5. 会计政策和会计估计变更以及差错更正的说明

企业应当按照《企业会计准则第28号——会计政策、会计估计变更和差错更正》及其应用指南的规定，披露会计政策和会计估计变更以及差错更正的有关情况。

6. 合并财务报表项目注释

企业应当以文字和数字描述相结合的方式，尽可能以列表形式披露报表重要项目的构成或当期增减变动情况，并且报表重要项目的明细金额合计应当与报表项目金额相衔接。在披露顺序上，一般应当按照资产负债表、利润表、现金流量表、所有者权益变动表的顺序及其项目列示的顺序。

7. 其他需要说明的重要事项

这主要包括或有和承诺事项、资产负债表日后非调整事项、关联方关系及其交易等，具体的披露要求须遵循相关准则的规定，分别参见相关章节的内容。

6.1.2 附注的重点关注对象

对于投资者来说,财报附注里的关于会计政策、会计估计等概念性的内容是可以忽略不计的,我推荐着重关注以下几点:

1. 企业基本情况

这一部分内容重点看企业的行业、经营范围、规模以及合并范围的变化。有些上市公司为了把报表变得好看,会剥离一部分业务,这可以从合并范围体现出来。比如2016年的乐视网,相对于2015年,剥离了亏损严重的乐视商城。同样也有上市公司会通过并购增加合并范围,投资者在此都能一目了然。

2. 会计政策和会计估计变更情况

除了营改增这类大范围的会计政策变更或者准则修订后要求必须修订外,有部分企业会通过会计估计变更来实现利润的修饰,而这类企业最常用的会计估计变更是固定资产折旧和应收账款坏账准备。

比如大量钢铁企业近几年通过调整折旧年限来实现巨额的利润(固定资产折旧一节已做了详细介绍)。

2017年6月,长城影视发布公告,调整坏账准备计提比例。通过这一举措,"凭空"增加了约6000万元的净利润。

类似地,京运通发布公告表示:本着谨慎性的会计原则,为更加客观真实地反映公司的财务状况和经营成果,使公司的应收债权更接近于公司回收情况和风险状况,公司拟对"应收款项坏账准备计提的方法、分类"进行会计估计变更。据公司测算,本次会计估计变更预计将会增加2017年净利润约4600万元,一举扭亏为盈。

Tips:这种会计估计变更通常都有因为业绩压力而去调节利润的主观意愿,因此,如果是最近盈利情况较差的企业发生了会计估计变更情况,那几乎可以肯定它是为了"制造"更好看的利润。

3. 应收款项的大客户清单

根据规定,上市公司需要披露前五大客户,有些公司会实名披露,也有部分公司会匿名披露。对比来讲,实名披露的往往要比匿名披露的靠谱。如果该公司的前几大客户长期固定,并且销售收入占比很高,则说明这家公司的抗风险能力比较弱。在所服务的行业不景气的时候,该公司将面临把所有鸡蛋放在同一个篮子里的风险。比如为电力、钢铁、石油化工或者大型汽车公司提供零部件的上市公司。

4. 应付款项的供应商清单

5. 金融资产

关注购买理财情况，长期、大量购买理财的公司是效益比较好的公司。

6. 关联交易

许多上市公司通过关联交易进行利益输送，实现高额利润，因此关联交易的必要性和合理性需要我们格外关注。

7. 固定资产和在建工程

重资产（固定资产占比例较高的）企业为了盈余管理，有可能会在在建工程转资的环节做一些手脚，通过延迟转资来实现少提折旧、调剂利润的效果。

8. 投资收益

众多 ST 企业已经把投资收益用烂了，正是这些非经常性的投资收益，让这些公司一次次保壳成功。

6.2 通过大客户清单看穿坏账准备

在坏账准备一节，我们了解到上市公司是如何运用坏账准备的"财技"进行盈余管理的，这部分内容更多的细节会体现在年报附注的应收账款和其他应收款项目里。尤其是对比历年来的分客户计提坏账准备情况，我们往往能看出一些隐藏在报表后面的东西。

6.2.1 疑似关联方的大量坏账——泰山石油

在泰山石油的 2015 年年报至 2017 年半年报中，期末单项金额重大并单项计提坏账准备的其他应收款的总额基本保持不变，均为 5100 万元左右。经仔细观察，年报附注里的单项计提坏账准备的客户却比较可疑。

1. 泰安鲁浩贸易公司

该公司并不在泰山石油的关联方和关联交易清单里，但是通过企业查询软件，我们可以发现该公司的企业法人名下有三家公司，除泰安鲁浩贸易公司外，还有日照滨海石油化工有限公司、日照巨油石化有限公司。通过查询国家企业信用信息公示系统我们可以发现，日照滨海石油化工有限公司和日照巨油石化有限公司的大股东是中国石化（也是泰山石油的大股东），该企业法人代表中国石化出任这两家公司的董事长，因此泰安鲁浩贸易公司存在着重大的关联方嫌疑。

在 2015 年年报至 2017 年半年报中，泰山石油在其他应收款列支该公司 1805 万元，并全额计提了坏账准备，款项性质是含糊不清的"往来款"。

2. 青岛泰山房地产开发有限公司

这家公司成立于 1992 年，很难理解泰山石油会和一家房地产公司牵扯上 1550 万元的"往来款"。但是翻一下历史档案就会了解，早在 1993 年，如今的泰山石油当时还叫作泰山石化，就入股了泰山房地产，在 2004 年退出。也就是说，这家公司其实是泰山石油的"老亲戚"，是曾经的关联方，有着剪不断理还乱的关系。

3. 泰安市岱信资产管理服务有限公司

泰山石油对该公司的 836 万元的其他应收款已经在年报上蛰伏数年，泰山石油对这些欠款一不打官司，二不说清楚原因，一言不合全额计提坏账准备，仅仅列示"往来款"，让投资者感到很困惑。

4. 泰安鲁润股份有限公司

泰山石油应收鲁润股份 620 万元，列支在其他应收款。通过查询公开信息可以得知，这家公司也是石化系企业，最初的两大股东分别是泰山石油和泰安鲁浩贸易有限公司，后来转让给永泰地产。

5. 山东泰山史宾莎涂料有限公司

根据泰山石油的年报，该公司欠款 370 万元，而该公司的企业法人同时是鲁润宏泰石化的法人，查询鲁润宏泰石化的股东信息，其唯一股东是中国石化。显然，这家涂料公司也是石化系企业。

根据企业会计准则的要求，有四种情况不得全额计提坏账准备：①当年发生的应收款项；②计划对应收款项进行重组；③与关联方发生的应收款项；④其他已逾期，但无确凿证据表明不能收回的应收款项。泰山石油将以上几家疑似关联单位的往来款全额计提坏账准备，其实是打了③④项的擦边球。

我们通过详细查阅泰山石油全额计提坏账准备的这些企业，竟然发现基本都是疑似石化系的关联方企业，那么泰山石油为什么不能从这些企业收回欠款，反而足额计提了坏账准备呢？了解了这些欠款方的来龙去脉，我想投资者心里都已经非常明朗了。

6.2.2 突然增加巨额坏账准备的陆家嘴

陆家嘴在 2016 年突然增加 1.08 亿元的坏账准备，与历年年报相比，这个数字增加得非常突兀，如图 6.1 所示。

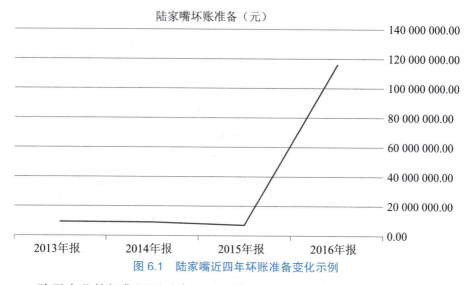

图 6.1 陆家嘴近四年坏账准备变化示例

除了东北特钢集团因破产，无力偿还 2982 万元的欠款外，陆家嘴在年报中对其余的坏账准备并未做过多解释。

我们通过阅读年报的会计政策部分可以得知，陆家嘴执行了非常激进的坏账提取方式：6 个月到 1 年内的应收账款计提 50% 坏账准备，两年以上的计提 100% 坏账准备。这也从侧面说明了陆家嘴特殊的盈利模式——这家庞大的商业地产物业公司，几乎全部是现款交易。2016 年突然较往年增加了 1.6 亿元的应收账款，从而导致了巨额的坏账准备。

再通过年报披露的信息可以得知，应收账款的增加主要是因为本期出售商业地产东方汇，尚余部分以后年度需收取的尾款。从会计处理方式来看，应收的尾款应该是可靠的，可以单独处理，不必计提如此高比例的坏账准备的。

因为陆家嘴每年都有可转回的坏账准备，所以激进的坏账准备处理方式从某种程度上也成了利润调剂的工具。在效益不错的时候大额计提坏账准备，在效益较差的时候以某种理由再转回。

6.2.3 警惕大量转回坏账准备的现象

不过，陆家嘴财大气粗，暂时不屑于用转回坏账准备的方式来调节利润，但有些其他公司却悄悄地用这个工具进行了利润调整。

2017年3月，福斯特公司发布公告，转回3290万元的坏账准备，增加2016年度净利润3290万元。坏账准备的提取是非常严谨的，而在大多数情况下，坏账准备的转回条件更是极其苛刻的。

2015年，福斯特的客户英利能源（中国）有限公司及其关联方出现资金周转困难，资产负债率过高，并于2015年10月13日发生债券到期未足额兑付的违约事项。福斯特判断应收英利能源（中国）有限公司及其关联方款项产生坏账损失的风险较高，单独进行减值测试后，对截至2015年12月31日应收英利能源（中国）有限公司及其关联方合计余额72 091 378.85元的账款，按90%的比例计提坏账准备64 882 240.97元。2016年，英利能源（中国）有限公司与多家银行签署延期还款及下调借款利率的协议，其短期偿债风险已得到一定程度的缓解。截至2016年12月31日，福斯特对英利能源（中国）有限公司及其关联方应收账款合计余额为35 927 167.49元，由于2016年应收账款收回，转回2015年末确认的坏账准备32 547 790.22元，相应冲减资产减值损失。

这不是福斯特第一次转回坏账，2013年该公司资产减值损失额为 -9292.4万元，主要由前期应收账款坏账准备转回造成。也正是这一笔坏账准备转回，让福斯特在2013年净利润保持了18.52%的同比增长。

坏账准备比较多（相对于净利润）的公司，年报附注里的应收账款是值得投资者仔细玩味的。尤其是连续多年长期躺在账面上的坏账准备，在发生往来款的年份有虚构利润的嫌疑；突然计提大额坏账准备的，则是存在着隐瞒利润的可能；在风调雨顺的年份计提大额坏账准备然后再在捉襟见肘的时候转回的,则是把坏账准备当作了利润调节的工具。这一切的"秘密",我们都可以在年报附注里看得清清楚楚。

6.3 剪不断理还乱的关联交易

我在某上市公司做报表的时候,遇到了一件麻烦事。本公司的一家参股并有控制权的企业也是上市公司,它销售的产品都来自本公司,这种业务自该公司上市以来就如此操作,但这一年市场形势不太好,公司利润下滑,小股东们就觉得有问题,认为大股东的产品售价不合理,联名向证监会举报,认为这种关联交易损害了小股东利益。证监会自然不敢怠慢,下发询证函,让本公司处理。

这件事的最终解决方案也很无厘头:因为除了本公司外,这种产品在当地只有一家最大的竞争对手在销售,为了满足监管的要求,本公司不得不先将产品销售卖给当地最大的竞争对手,然后再由竞争对手卖给这家上市公司。本公司白白地让竞争对手加了一块利润,然后多上缴了税收,获得了一个除了竞争对手受益外满盘皆输的局面。

Tips:为什么证监会和小股东都对关联交易虎视眈眈呢?因为在中国的股票市场,关联交易出过太多问题了。为了防范可能的风险,我国的会计准则对关联交易制定了严格的定义标准和披露规范。尽管如此,许多上市公司的关联交易仍然存在很大的利益输送空间。

在年报附注中,关联方和关联交易有很大的篇幅出现,除了客户、供应商属于关联方外,联营、合资公司也都属于关联方,甚至有亲属、联系人的单位,也属于关联方。新会计准则对关联交易的定义也更为细致:关联方交易指在关联方之间转移资源、劳务或义务的行为,而不论是否收取价款。

上市公司的关联交易日益增多,目前几乎所有的上市公司都与各种关联方之间存在着购销、资金往来、担保抵押、投资等多方面的关联事项。关联交易已经成为影响上市公司财务状况和经营成果的一个非常重要的因素。利用关联交易进行利润调整也是上市公司维持盈利的重要方式之一,并且关联方企业也能从中获取收益,因此关联交易已经成为许多"不思进取"的上市公司谋取利润的"手段"。通过关联交易进行利润操纵的最大特点是可以将即将或者已经亏损的企业的状态转眼之间变为盈利。从财务核算来看，一般是通过"其他业务收入""投资收益""营业外收入""应收账款""其他应收款"等会计科目，"赚取"表面的"利润"。事实上，这并不能真正地改善企业的经营状况，只是通过账面数据调整来达到所谓的"利润最大化"，骗取投资者的信任。利用关联交易进行利润操纵的另一个特点，是使许多国有企业的利润从非上市企业转移到上市公司，最终通过各种手段导致国有资产流失。

我们在客户、供应商部分了解到关联方通过采购、销售进行利益输送的情况，下面再从以下四个方面继续了解关联交易的更多"花样"。

6.3.1 通过关联交易操纵利润

2016年11月，陆家嘴连发两则公告，否认其全资子公司佳二公司将该公司的全资子公司纯一实业的部分股权出售给上海自贸区基金——地产1号基金涉嫌关联交易和估值虚高的问题。尽管公告里详细解释了陆家嘴和地产1号基金不存在关联关系，但是我们从公告里也能看出陆家嘴难以自圆其说，几乎就是在打自己的脸。陆家嘴通过上海富都世界发展公司、上海佳章资产管理有限公司两家控股公司和该基金存在千丝万缕的关系："本公司仅为富都世界的股东，富都世界持有基金份额仅16.71%"，"1号基金虽聘任上海佳章为投资顾问，但上海佳章仅从事纯一实业名下'东方纯一物业'的物业管理与出租、施工装修、停车库管理等物业运营事务"。

此次交易产生的归属于母公司的净利润为2.01亿元。同时，陆家嘴持有上海纯一剩余40%股权，采用公允价值计量，该增值产生投资收益1.22亿元，两者合计净利润超过3亿元。

6.3.2 资产重组剥离上市公司负担

我所在的公司上市的时候，为了让上市财报更好看、博得投资者的眼球，采取了剥离不良资产的方式，成立了一家"非上市公司"。其实这家公司的法人、管理机构与上市公司完全重合，甚至一起办公。典型的一套班子、两块牌子。两家公司合并后的报表依旧很难看，但是单独看，上市公司的报表是非常靓丽的，各项F10的指标都华美无比。

通过这种方式把报表做得漂亮的手法，在中国股市比较常见。2017年4月，彩虹股份发布公告，提示重大资产出售和关联交易事项，实际上就是剥离不良资产。彩虹股份将已经淘汰的上一代液晶产品生产线出售给非上市公司，让上市公司保持更好的盈利能力，从而维系一个更好的股价。

6.3.3　采用资产租赁和委托经营业务输送利益

许多上市公司剥离不良资产上市后，企业经营状况得到了极大改善，于是开始变相地向非上市部分"输血"，具体怎么操作呢？一是租赁非上市公司的场地进行经营；二是将一部分业务委托非上市公司经营。

2017年4月，建发股份发布公告，与建发集团签署协议，租赁其办公场所，期限为2017年6月1日至2020年5月31日，年租金合计28 929 805.11元。事实上这种业务很难判断其公允价值，因为交易的价格并非真正的市场价，而是自家人确定的。

巨化股份则与巨化集团签署委托经营协议，由前者经营后者的两个子公司。华鑫股份也与华鑫置业签署了委托经营协议。两份协议中都有"经双方协商确定，交易价格公平合理，不存在损害公司及股东利益的情形"，但是交易双方都是同一套班子，甚至同一个老板的情况下，能做到"公平合理"吗？

6.3.4　关联方资金占用

2003年，证监会、国资委曾联合发布《关于规范上市公司与关联方资金往来及上市公司对外担保若干问题的通知》，要求审计机构对上市公司存在控股股东及其他关联方占用资金的情况出具专项说明，上市公司应就专项说明做出公告。2006年，交易所全面开展了清理大股东占用上市公司资金的专项活动，并发布了相关的通报。如今，更为详细的大股东及关联方资金占用的披露，已成为年报披露的固化格式，大股东占用上市公司资金的行为得到明显遏制。

然而，再严格的制度也抵挡不住资金的诱惑。华泽钴镍的2015年度报告显示：除了巨亏 1.55 亿元以外，瑞华会计师事务所出具了保留意见的审计报告，公司两位独立董事无法保证该报告内容的真实性、准确性和完整性。这就意味着该公司的财务数据存在着重大的造假嫌疑。

瑞华会计师事务所出具的《上市公司 2015 年度非经营性资金占用及其他关联资金往来情况汇总表》显示：华泽钴镍实际控制人控制的公司——陕西星王企业集团有限公司，占用华泽钴镍子公司陕西华泽镍钴金属有限公司的资金，2013 年为 10.81 亿元，2014 年为 14.15 亿元，2015 年为 14.97 亿元。这家效益并不太好的公司，几乎被大股东掏空了。

无论哪种关联交易方式，一旦所占比例远远超出正常经营的需要，就存在着通过关联交易修饰财报的可能，归根结底都是为了"利益"二字，要么是虚增上市公司的净利润，实现业绩上涨或者扭亏为盈从而达到保壳的目的；要么是获取真金白银而掏空上市公司谋取私利。投资者在阅读财报的时候，一定要盯紧附注里的关联交易，那些密密麻麻的关联方清单和交易记录都是谨慎投资的提醒。

6.4 金融资产——有闲钱买理财的都是好公司

说起 2017 年的行情，除了雄安概念外，最让人印象深刻的，恐怕就是方大碳素了。由于供给侧改革的影响，取缔低效产能炼钢小厂后，符合环保标准的电弧炉需求激增，导致电炉炼钢和炉外精炼的重要材料——石墨电极价格暴涨。该细分行业的龙头企业方大碳素的股价也随之扶摇直上，被戏称为"宇宙总龙头"。在此，我们不去深究方大碳素被炒作的逻辑，仅从年报里一项比较有特色的项目来管中窥豹一下方大碳素的经营特点。

在货币资金一节，我们了解到，很多现金流不错的公司选择了购买理财。年报的报表附注里有专门披露购买理财情况的一栏，可以看到密密麻麻的理财产品清单。同时根据监管要求，企业在购买和赎回理财产品的时候需要发布公告，这样普通投资者就能很方便地了解企业的理财情况。

Tips：购买理财产品是企业配置金融资产最常见的一种形式。2012 年，沪深两市理财总额仅 71 亿元。到了 2016 年，沪深两市上市公司累计有 779

家上市公司参与购买理财产品，累计理财次数为 8941 次，累计购买规模约 7807 亿元，如图 6.2 所示。

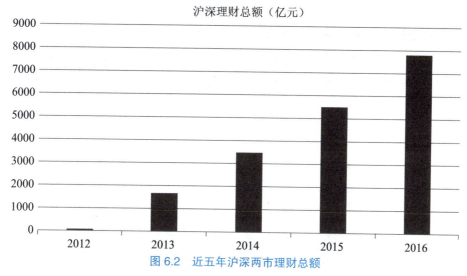

图 6.2 近五年沪深两市理财总额

年报中（在 2018 年执行新金融工具准则之前[①]），普通企业共有三种形式的金融资产，包括以公允价值计量且其变动计入当期损益的金融资产、持有至到期投资和可供出售的金融资产（金融类企业还有第四种——贷款和应收款）。

对于没有系统学习过财会知识的普通投资者来说，金融资产的概念比较难理解，在此我们可以通过一个简单例子来类比。一个企业就像一个家庭，家庭的银行存款、应收账款是很容易理解的，房产、汽车就是固定资产，这与企业是一致的。如果这家人比较喜欢投资，那么可能会选择购买银行理财产品、炒股、投资企业股权等方式。这些购买的投资，就是金融资产。金融资产的分类区别主要是核算上的不同，对于普通投资者来说，知道这家企业是否购买、购买了多少金融资产就足够了。

通过仔细阅读年报，可以了解到企业配置金融资产一般有四种目的，我们分别结合具体的案例来了解。

---

① 2017 年 5 月财政部对《企业会计准则第 37 号——金融工具列报》进行了修订，要求境内外同时上市的企业以及在境外上市并采用国际财务报告准则或企业会计准则编制财务报告的企业，自 2018 年 1 月 1 日起施行；其他境内上市企业自 2019 年 1 月 1 日起施行。上述分析都是基于企业已披露的财务报告进行的，因此涉及会计准则仍为修订前的规定。

6.4.1 雪中送炭——弥补亏损

纵观方大碳素上市以来的报表，我们发现，除了 2017 年半年报，以前的年报数据中销售净利率都较低，其中 2016 年的年报里仅有 1.25%。因此自 2013 年以来，方大碳素只要有了现金，就赶紧去买理财，每年都依赖不菲的投资收益来保持净利润为正数，如图 6.3 所示。2017 年半年报销售净利率高达 24.72% 的时候，趁着手头现金多，更少不了购买理财。

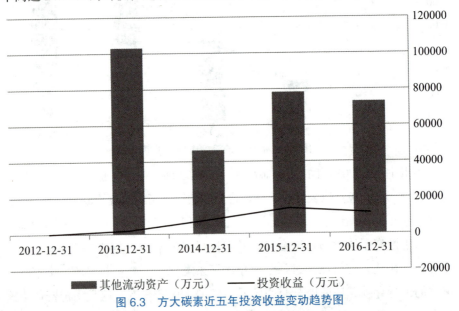

图 6.3　方大碳素近五年投资收益变动趋势图

利润、股价双丰收后，方大碳素并没有急于追加投资扩张生产线，反倒是在 2017 年 8 月 30 日发布了《关于使用闲置资金购买理财产品实施情况的公告》，继续购买理财产品，购买理财产品的金额达到了 15.65 亿元。

经营状况尚可、手头有一定闲钱，却长期在盈亏平衡点煎熬的方大碳素管理层并没有被一时的市场形势冲昏了头脑，没有盲目做出膨胀的决策。也让投资者对其稳健的经营风格充满了信心，股价经过短暂调整后，继续上扬。

喧嚣之后，静下心来仔细分析方大碳素的现状，可以发现，石墨电极的价格上涨，具有一定的偶然性，况且该产品没有太高的技术门槛，因此在市场上逐利的企业投入生产后，石墨电极的价格上涨不具备持续性。一旦价格回落，方大碳素的经营形式又恢复到以前。从这个角度看，方大碳素购买理财产品维持稳定的收益是非常明智的选择。

6.4.2 改善结构——锦上添花

根据 A 股市场 2016 年年报数据，购买理财产品最多的上市公司为中国神华，分 3 次合计买入 310 亿元。

与小心翼翼地奔走在盈亏线的方大碳素相比，财大气粗的中国神华，动辄净利润几十亿元甚至上百亿元，通过理财获取的这点收益基本不影响其利润情况。

中国神华 2014 年以来的投资相对减少，导致手头的现金激增，在供给侧改革、产业转型的阶段，暂时没有其他的安全稳健的投资方式，就拿现金去买理财了。

6.4.3 从股民到股东

散户炒股时，经常会遇到某只股票跌到不忍直视的情况，又不舍得割肉卖掉，就长期持有，成了名义上的股东。企业炒股竟然也有炒成股东的，不过并不是因为价格下跌。

西水股份长期以来持有巨量兴业银行的股份，由于西水股份的主营业务——水泥业务常年开展得并不顺利，每年都会卖掉一部分兴业银行的股份修饰报表，实现净利润为正数，确保不被 ST。

但是，到了 2017 年，西水股份控股子公司天安财险资产管理部总经理絮星华在兴业银行董事会的仟职资格于 2 月 7 日获得银监会批复，这意味着西水股份及天安财险将对兴业银行产生重大影响。自此，西水股份通过卖股票来调节利润的历史一去不复返了，所持兴业银行股权由可供出售金融资产转变为长期股权投资，按照权益法进行核算。

简单地说，就是兴业银行每个季度的净利润将按照西水股份的持股比例计到西水股份的投资收益里。保守地计算，兴业银行每季度为西水股份贡献净利润 2.7 亿元。

比较有趣的是，西水股份在经营业务、盈利状况没有任何变化的情况下，仅仅因为相关人员的职位变动，就成功地实现了水泥行业到金融行业的华丽转型，瞬间成了估值洼地，股价飙升，上演了一场精彩大戏。

6.4.4 打肿脸充胖子

既然买理财容易被投资者认为是不缺钱，自然就会有公司利用这个机会冒充土豪，从而在市场中激起波澜，引起投资者的重视。新湖中宝经常在市场上通过银行借款、发行债券、股权质押等手段融资，其实是很缺钱的。但是为了营造"不差钱"的假象，它频繁发布购买理财产品的公告，几亿元甚至十几亿元地购买理财产品，让很多投资者误以为新湖中宝是一家现金流非常好的企业。其实我们打开公告仔细看一下，这家公司的理财产品的期限大部分是两三个月甚至一个月。如此短暂的理财期限，实际收益可以忽略不计，这只是给投资者施的"障眼法"。我们在阅读年报的时候，对理财期限稍微留意即可甄别出来。

除了以上四种情况外，还要留意一种非常奇葩的情况，典型案例就是2016年美的10亿元理财被骗案。2014年6月29日，美的通过微信公众号称，公司下属的合肥美的冰箱公司（以下简称合肥美的）在2016年3月购买10亿元理财信托产品，2016年5月通过内控日常核查发现存在诈骗风险并第一时间报案。截至本书成稿之时，该案件侦查进展顺利，主要涉案人员正在或已被抓捕归案，公司已收回部分委托理财资金，部分资产正进一步追缴中，预计整体损失可控。根据报道，合肥美的7亿元理财资金由"农业银行成都武侯支行"出具兜底函，借道上海财通和渤海信托，最终流向3家借款公司。在正式放款以前，美的集团内部对这一笔涉及7亿元的理财计划进行了内部论证和审批，但是直到放款后2个多月，美的方面才发现，无论是银行出具的兜底函，还是资金流向的3家公司的授信资料，均为伪造。几乎在7亿元理财资金遭遇"骗局"的同一时间，美的集团另有3亿元理财资金遭遇了相似的骗局，涉案银行为"重庆银行贵阳分行"。这些案例提醒我们，银行理财产品也不是绝对安全的，除了有些理财产品并非能"保本"外，还有可能遇到山寨货。

Tips：在了解了金融资产的不同情况之后，通过年报附注里的金融资产信息（根据会计核算的不同，通常在可供出售的金融资产或者其他流动资产中），我们就可以来判断这家企业是否值得投资了。

配置金融资产比较多的企业大部分是基本面整体较好的，比如受到涨价因素影响的方大碳素的股价不必多说，中国神华的股价也在混改等利好消息下不断上涨，西水股份更是借助行业转型获益。而基本面不怎么样的新湖中宝，就算是声势浩大地购买理财产品，仍然摆脱不了股价低迷的现状。

6.5 供应商、客户清单里的关联方

2017年5月，龙大肉食因未及时披露日常关联交易，被出具警示函。龙大肉食相关公告显示：伊藤忠（中国）有限公司持有公司5%以上股份，是公司的关联方。2016年度，龙大肉食向伊藤忠（中国）有限公司全资子公司伊藤忠（青岛）有限公司采购商品，交易金额为1026.62万元，占公司最近一期经审计净资产的0.66%。山东证监局在文件中表示，龙大肉食未就上述日常关联交易及时履行审议程序和信息披露义务。

在2016年的年报中，龙大肉食就关联方及关联交易项目共披露了25家关联方企业，披露了36笔从关联供应商采购的业务，发生采购金额共计6814万元，披露的关联方销售金额共计3576万元。

如何理解关联方和关联交易呢？

小帅有几部新手机想转手，正好他的亲戚想要买同型号的手机，于是小帅把一部市场价5000元的手机以4000元转给了亲戚，把另一部以5000元的价格转给了陌生人。这就是关联交易的特点：可能会存在利益输送。

一般认为，关联交易是上市公司操纵利润，粉饰财务报表的重要手段。通过关联方和关联交易，上市公司可以转移利益，会极大地损害中小股东的权益。

因此，无论是企业会计准则还是证监会，都对关联交易的认定和披露有非常严格的要求，企业稍有不慎，就会被罚。以龙大肉食为例，全年采购超过5亿元，因不小心漏披露了1000多万元，就被通报处罚，这是财务工作瑕疵导致的。

不过，还真有铤而走险故意隐瞒关联交易的。

6.5.1 隐瞒关联供应商

2014年1月,即将IPO上市的宏良股份发布公告,因出现媒体质疑事项,发行人与保荐人、主承销商华龙证券协商,决定暂停20日开始的网下申购缴款和网上申购等本次发行的后续工作。媒体质疑的,正是该公司故意隐瞒关联供应商。

招股书显示,公司2010—2013年的营业收入、营业利润三年复合增长率分别为48.83%、59%,远高于同行业平均水平。作为一个熟悉财务的人,这样的数据如果属实,我会二话不说卖掉房子去投资了。此外,近年来宏良股份综合毛利率稳步上升,2013年上半年综合毛利率达到24.47%,也远超同行。

质疑的财务专家认为,毛利率高得明显不正常,宏良股份涉嫌通过关联公司集中采购,虚增营收,其直接财务表现为存货非正常增长。数据显示,截至2013年11月末,宏良股份存货余额高达13.8亿元。在存货一节,我们也了解了很多企业是如何靠巨额存货调剂利润的,宏良股份正是利用这种方式进行了利润的造假。

永盛皮革连续三年是宏良股份的第一大供应商,已累计供货4.28亿元,而这家供应商实际注册资本仅有300万元。经记者深挖,不仅永盛皮革,甚至第二、第三和第四供应商,均与宏良股份存在关联关系。种种迹象表明,宏良股份试图通过关联交易非关联化的手段,进行财务造假,造成高成长、高盈利的假象,从而浑水摸鱼上市。

6.5.2 隐瞒关联客户

宏良股份试图用隐瞒关联交易的方式欺诈上市。无独有偶,康得新也采用了类似手段。不过它隐瞒的不是关联供应商,而是关联客户。与宏良股份不同的是,康得新最终蒙混过关,反而成了市场上的佼佼者。

康得新的关联客户埋伏得比较深,在荷兰。招股书显示,在2007—2009年公司的前五大客户中,位于荷兰的Kangdexin Europe(或称Kangdexin Europe BV)多次出现。2008年,Kangdexin Europe为公司第三大客户,贡献销售金额2060万元,占总营业收入的7.93%;2009年,为第二大客户,为康得新贡献收入3150万元，占总营业收入的8.64%。上市后，Kangdexin Europe继续扮演着重要角色：2010年，它是康得新第二大客户，贡献营业收入6326万元，占总营业收入的12.07%；2011年，是第三大客户，贡献营业收入9007万元，占总营业收入的5.9%；2012年上半年，是第四大客户，为康得新贡献营业收入5853万元，占总营业收入的6.09%。

通过查询公开资料，2008年8月至2010年2月期间，Kangdexin Europe的实际控制人是来自中国重庆的Zhong Yu，其出生日期为1950年3月22日，均与康得新招股书披露的公司董事长、实际控制人钟玉的信息相符。2010年2月，就在康得新上市前，由英属维尔京群岛（BVI）注册的Wavy Ocean Investment Limited取代康得新成为Huali Europe Holding的全资股东，间接控股Kangdexin Europe。一位1977年出生的叫作Wang Wei的北京人成为Huali Europe Holding及Kangdexin Europe的实际控制人。

康得新财报显示，Kangdexin Europe为公司带来的销售收入非常可观，并且逐年攀升，2008年至2012年上半年累计贡献营业收入2.73亿元。

实际上，这又是一个左手倒右手的游戏，虚增了康得新的销售收入。

那么，投资者如何来判断公司是否隐瞒关联方呢？答案是很难。证监会都经常无法查证的关联方，普通投资者几乎没有途径查询。但是，有一个比较方便的排查方法：通过核查该公司的前五大客户和前五大供应商，如果连续几年的年报里都是同几家，占比非常高，且基本没有变化，就说明该公司对这些大客户、大供应商高度依赖，这种情况就有关联方的嫌疑（有些比较特殊的情况，比如电力、石油企业、煤炭行业依附的供应商，和这些大企业没有关联交易，但主要收入来源于它们）。

6.6 错综复杂的子公司列表——雪莱特的兼并之路

我是一个业余的摄影爱好者和天文爱好者，为了星空摄影，经常开车去一些伸手不见五指的荒山上。因为要去远离城市的地方，山路曲折，路上很黑，对车灯的要求就非常高，所以我拿到行车证的第二天，就去改装了氙气灯。和汽车灯具店老板闲聊的时候，得知给我新换的这款灯的品牌叫作"雪莱特"，和进口产品相比，性价比较高。原装的奥迪透镜一个要一两千元，换上的雪莱特的灯泡一个只要300元，晚上开到路上，远光灯一开，几公里外亮如白昼。

后来翻年报的时候，我发现这个做车灯的企业竟然是一家上市公司，不禁一边看年报一边感叹："得卖多少个标价300元的灯泡才能上市！"

6.6.1 雪莱特的经营范围和市场地位

翻开雪莱特的年报（2016年年报）来看看它的主营业务：

LED户外照明系列：29.17%；LED系列：15.99%；HID灯系列：12.55%；LED显示系统系列：10.87%；荧光灯室内照明系列：9.54%；智能包装设备系列：8.35%；紫外线灯系列：7.02%；其他：2.9%；充电桩：2.44%；其他业务：1.17%。

原来氙气（HID）灯还不是雪莱特最主要的业务，根据年报披露的经营内容来看，似乎漏掉了什么，暂且不表。

根据国家发布的淘汰白炽灯的路线图，2016年10月1日起禁止销售和进口15瓦及以上普通照明用白炽灯。在全球大力推动节能减排、积极应对气候变化的形势下，低效照明产品被淘汰掉，LED照明将逐渐取代传统光源占据灯具市场。现在市场上能买到的灯具基本以LED为主，从这点来看，雪莱特的市场空间极大。

LED照明领域可细分为通用照明和汽车照明，其中通用照明市场规模较大，包括室外景观照明、室内通用照明等，占据了整个LED照明领域90%以上的份额，且增长稳定；而汽车照明市场是未来新的增长点。

但是LED技术门槛不高，目前同质化竞争非常激烈，雪莱特在室内照明领域品牌影响力有限。它虽然曾经为飞利浦、欧司朗等国际品牌做过代工，但没有打出自己的品牌。在汽车大灯方面，雪莱特则拥有较高的知名度。

6.6.2 最近五年的营收和利润水平

近五年来，雪莱特的净利润变化不大，但营收分两个明显不同的阶段。第一阶段是2015年以前，第二阶段是2015年后。2015年的营收几乎比

2014 年翻了一倍，是怎么回事呢？（如图 6.4 所示。）

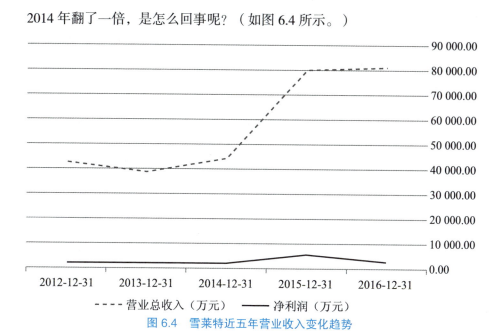

图 6.4　雪莱特近五年营业收入变化趋势

原来，在 2014 年，雪莱特收购了一家子公司，叫富顺光电科技股份有限公司（以下简称富顺光电），这家公司主营 LED 照明设备，为雪莱特带来了丰厚的营收。但是由于 LED 市场竞争惨烈，毛利断崖式下滑，导致并表后利润并没有太大变化。

2015 年，富顺光电又收购了一家子公司，叫漳州宇杰智能包装设备限公司。这家公司规模不大，业务量也不多（2015 年带来 1000 万元营收），但是 2015 年为母公司贡献毛利占比高达 54%，2016 年该子公司贡献的营收接近 7000 万元，贡献毛利占比依旧保持在 45% 左右。

6.6.3　不断下滑的毛利水平和不靠谱的兼并

虽然汽车的普及率越来越高，但是雪莱特氙气灯的主要客户群却是改灯用户，这个用户群体增量有限，因此雪莱特的营收也增长乏力。氙气灯业务作为雪莱特最声名显赫的产品，自公司 2007 年上市以来，营收累计增幅竟然不到 30%。

而在 LED 户外、室内灯的领域，雪莱特的道路也不是那么顺畅。虽然

LED 灯的营收从 2013 年全面开展该项业务以来增加了一倍之多，但是毛利率打了对折还要多，从 28% 降到 11%（如图 6.5 所示），因此带来的净利润其实是下降了。紫外线灯虽然毛利仍然在 30% 以上，但这个市场空间较小，很难增加。

图 6.5　雪莱特近五年毛利率变化趋势

从年报上看，雪莱特已经很长一段时间处于瓶颈期了，行业天花板触手可及。

雪莱特出手收购富顺光电和漳州宇杰智能包装，二者虽然没有带来足额的净利润，但是至少让营收翻番，有了这样的业绩支撑，就可以编故事了。2016 年 8 月，股价经过大半年的推波助澜，达到一个如期而至的高点。

雪莱特尝到了甜头，2015 年，收购了一家叫曼塔智能的做消费级无人机的公司；2016 年，绕道富顺光电开展充电桩业务；2017 年，收购了一家叫卓誉自动化的做动力锂电池的公司。

然而，消费级无人机市场被大疆牢牢占领，从两千元的掌上玩具级到几万元的专业航拍级无人机应有尽有，还没有产能限制。所以这个市场看起来很美，但想分一杯羹并不那么容易。2016 年内，国内不下 60 家企业进军无人机行业，并推出了各自的无人机产品。其中不仅包括小米、腾讯这样的巨头企业，还有飞马、零零无限这样的创业企业。目前唯一能够从大疆牙缝里抢到一点市场的是来自北京的零度智控，其余的无人机企业均没有了声响。连不缺资本和技术的小米、腾讯都无力挑战大疆的统治力，雪莱特又能靠什么呢？

这就回到上文暂且不表的业务了：被各方机构以及雪莱特自己大肆吹捧的无人机业务，甚至没有出现在年报的主营业务里，或许隐藏在1.17%、营收900多万元、毛利为负的其他业务里了。

当然，吹捧无人机业务还有另一层原因，就是讲故事然后迎接解禁。

说到2017年收购的卓誉自动化，这家动力锂电池企业属于很时髦的行业，与无人机业务有些类似。虽然所有人都知道新能源是未来发展趋势，但是这个领域早已是一片红海。各路资本拼杀得头破血流，仅A股上市公司中，目前就有27家做动力锂电池的企业，这里面既有营收超过两百亿元的巨头企业，也有手握特斯拉供应商订单的电池专家，即便是规模最小的，营收也和雪莱特整体规模差不多。雪莱特作为一个后来者，想要在这个领域打拼出一片天地，似乎非常艰辛，就算把卖灯赚的钱都投进去，也可能见不到一丁点的回报。

Tips：上市公司进行跨界收购的时候，往往需要强大的资本和行业经验，对企业管理层来说是一个巨大的考验。即便是腾讯、阿里这样的资本巨鳄在跨界收购的时候都要小心谨慎，对于普通的公司来说，这是一道难度极大的选择题。

但是换个思路想，如果它压根就不是真心为了发展这个行业呢？还是看看雪莱特的解禁时间表吧，或许就恍然大悟了：2016年3月、8月、9月解禁约370万股（对应时间点，2015年收购无人机子公司），而在2018年3月12日解禁1.3亿股（对应时间点，2017年收购动力锂电池公司），占总股本的17.8%。

6.6.4　控股和联营公司列表不断延伸

或许，雪莱特的管理层已经忘记了初心，如果不那么执着于极速而又疯狂的扩张，而是持续专注于LED照明和汽车大灯领域，稳定地做精做细那几个亿的细分领域市场，随着汽车大灯从氙气向LED的转型，把握技术潮流，雪莱特未来找到爆发的时机还是有可能的。但现在，雪莱特忙不迭地成立并购基金，千方百计地扩张自己并不擅长的领域，这家公司已经被野心拖垮了。投资者已经在2015年、2016年的年报和2017年的半年报里看到了投资失败产生的负的投资收益，并且这个负的金额越来越多。或许，下个年度的年报、再下个年度的年报里的投资收益会给投资者带来更大的"惊喜"。

在2012年的年报中，雪莱特的控股和联营公司只有三个，分别是控股99%的四川雪莱特光电科技有限公司、控股60%的广州开林照明有限公司和控股50%的遂宁孟仕玻璃科技有限公司，这三家公司的主营业务分别是汽车大灯、室内照明和紫外线节能灯器具的制造，是雪莱特上市初期至今赖以生存的核心业务。也正是这三部分业务的稳定增长，保证了雪莱特的营收。

经过五年的发展，到了2016年，年报中显示，雪莱特的控股和联营公司已经迅猛扩张到了15个，其中不乏和主营业务关联度不高的企业，如表6.1所示。

表6.1 雪莱特参股公司一览表

被参控公司	直接持股比例(%)	营业收入（万元）	净利润（万元）	主营业务
富顺光电科技股份有限公司	99.99	42,224.21	7,276.92	制造业
四川雪莱特光电科技有限公司	99.00	1,260.44	−627.29	制造业
深圳曼塔智能科技有限公司	51.00	560.31	−2,640.36	制造业
佛山雪莱特电子商务有限公司	70.00	3,033.88	166.27	商业
佛山市益光科技有限公司				制造业
佛山雪莱特汽车智能电子有限公司	51.00			制造业
佛山雪莱特管理咨询有限公司	100.00			服务业
中山雪莱特电子商务有限公司				商业
广州市开林照明有限公司	60.00			商业
福建富顺达光电科技有限公司				制造业
漳州宇杰智能包装设备有限公司				制造业
福建银福节能科技有限公司				服务业
深圳市益科光电技术有限公司	50.13	1,818.39	−2,640.36	制造业
WINGSLAND TECHNOLOGY（USA），INC				商业
福建富顺达软件科技有限公司				软件信息服务业

值得注意的是，通过年报附注的资料可以获悉，这15个公司中，除了雪莱特直属子公司外，仅有富顺光电是盈利的。

透过控股参股公司的清单，投资者可以更加清晰地看到雪莱特的经营理念和未来的发展方向，而至于这种发展方向是否能给公司带来业绩并获得投资者的认可，还是等2018年解禁期的时候再看股价吧！

第 7 章

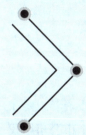

从财报读懂经营

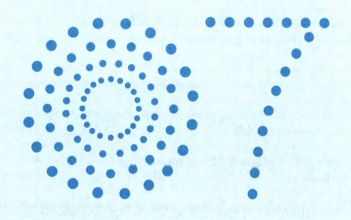

数千家上市公司所从事的行业可谓千奇百怪、五花八门，投资者想要在短时间内去了解一个完全陌生的行业几乎是不可能的，但是，上市公司给我们提供了一个方便全面了解的渠道，那就是年报。通常年报会详细地介绍企业所从事的行业概况、该行业是否景气、本企业在行业中的地位、企业的经营方向等信息。

一般而言，连续对比两三年的年报，就能大致了解这个上市公司了，如果不完全相信"王婆卖瓜"式的自卖自夸，再去对比同行业龙头企业的年报，就会一目了然。

7.1 从公司简介里了解营业范围和行业趋势

7.1.1 让人无所适从的公司名

2017年1月，深交所向尤洛卡发了关注函，认为该公司就其更名事项向广大投资者征求意见并许以部分奖励的相关行为涉嫌变相发布广告，违反了《创业板股票上市规则》第2.4条的相关规定。原来就很难让投资者理解的尤洛卡最终更名为精准信息，更是让人一头雾水。实际上它既不是有外资背景的公司，也不是搞信息情报的企业，而是一家做煤矿安全设备的公司。

在A股3000多家上市公司中，有一些公司的名称是令人难以理解的，比如：匹凸匹。这三个汉字放在一起让很多学了几十年汉字的中国人一脸迷茫，我读了两遍才明白这大概是 P2P 的音译。那么这是一家做 P2P（通常指互联网借贷的英文简称）的公司吗？打开年报附注，在公司简介部分，我们看到这么一行字：报告期内公司的主要业务为相关下属子公司从事的房地产开发和大宗商品贸易。

继续一脸茫然，这业务和 P2P 有什么关系吗？但是，该公司更名后，得到了市场的追捧，连续三个涨停板。只不过这种没有业绩支撑的虚张声势并不能持久，如今已经戴上了 ST 的帽子，股价一落千丈。

Tips：闰土股份、星期六、黄河旋风、兔宝宝、神马股份、神剑股份、二六三、二三四五等都是让人看了无法理解其经营业务的上市公司的简称，甚至有的公司属于什么行业都很模糊，这就是对投资者的小小考验了。如果想要搞清楚这家公司的经营业务，就需要花一些时间读一下它的年报，在附注里看看公司简介。

7.1.2 那些名不副实的上市公司

为了防止上市公司频繁更名，上交所已经发文，要求上市公司告知投资者证券简称是否"名副其实"，要求公司披露是否从事相关业务、是否具有从业资质等。但是，仍有很多上市公司变着花样更名。

仅 2016 年一年，A 股就有 247 家上市公司股票更名。通常上市公司更名无外乎两种原因，一是主营业务发生了变化，原有的名称无法涵盖新业务的内容，可能会引起误解；二是原来的名称背负着一些恶名——比如牵扯一些臭名昭著的案件，更名后获得一个新的发展机会。不过，还有一种特殊的情况，那就是碰瓷：通过炒作时下最流行的概念，把企业名称改得光鲜亮丽，而实际上主营业务关联很少甚至完全不相干。"生物""电商""环保""金控""科技""互娱""网络""智慧""健康"成为上市公司证券简称变更的热点词汇，其中不少是同期二级市场炒作的热点。

明天科技给人一种高大上的感觉，光看名字投资者就能感觉到金属质感的未来科技气息，然而打开该公司的年报，却发现它的主营业务是：烧碱、电石。不过，这样的名字并不能改变它被 ST 的命运，没有实质性的业绩改

善是无法带来持续盈利的。

如果说烧碱、电石勉强能算科技产品的话，那么三川智慧可能和我们想象的智慧关系不大，因为它是一家做水表的公司，所谓的智慧是指智能水表。该公司年报上声称：公司是我国水表行业内技术领先的企业，主要产品种类有节水型水表、智能卡式水表、网络远传水表、复式水表、多路共管供水系统、电磁流量计、给排水管材管件、水司管理应用软件技术等。如今，很多朋友热衷健身，很多健康产品应运而生，比如能连微信的智能体脂秤，能自动上传数据并分析的智能血压仪，甚至还有能实时监测心率的健康手环。在看到"莲花健康"这家公司名的时候，我还以为它是生产这类产品的公司，打开年报一看，大跌眼镜，原来它就是曾经的"莲花味精"。莲花味精几乎占领过每一个中国家庭的厨房，更名为更为时尚的莲花健康，主营业务构成与我们想象中的健康产品也毫无瓜葛：味精（67.9%），面粉（16.23%），鸡精（8.77%），复合肥（2.92%）……

中南文化原名中南重工，这是一家经营业务跨度大到令人匪夷所思的企业。2016年的年报中，一半营收来自金属制品的加工和销售，而另一半则是来自电视剧、网剧的制作和营销……新更名的简称，让人总觉得不能够覆盖其跨界的主营业务。

2001年8月，《财经》杂志发表《银广夏陷阱》一文，银广夏虚构财务报表事件被曝光。从此，十几年来，"银广夏"三个字和上市公司财务报告造假息息相关，这次事件也成为广大财务工作者的经典反面案例。后来该公司更名为西部创业，或许是因为新上任的管理层想抛掉"银广夏"这个背负着太多负面因素的名字。

在稀土行情大涨的时候，一家叫作"五矿稀土"的公司被一些投资者当作了龙头股，但是通过查看年报的附注信息，会发现这是一家伪龙头。为什么呢？因为它虽然打着五矿的旗号，但实际上并不是一家以稀土开采为主的上游企业，而是一家经销稀土产品的下游企业。在稀土资源涨价的时候，它并非是受益者，而是受损者。因此被热炒了一段时间后，最终被市场抛弃，而真正的稀土上游企业则一直持续到了行情结束。五矿稀土的年报附注里对业务说明得清晰明了：主要从事稀土氧化物、稀土金属、稀土深加工产品经营及贸易，以及稀土技术研发、咨询服务。

由此可见，投资者关注年报附注里的公司简介是多么重要，免得一不留神被碰瓷的公司名给迷惑了。

年报附注中，在介绍公司业务情况的时候，通常会简单提到行业趋势。比如上文中的匹凸匹公司年报里，在解释了公司房地产业务情况后，这样写道：虽然国家对国内房地产行业的调控不断加码，但就一线城市核心地段的写字楼物业而言，始终坚持以租售比为估值基础，仍不乏投资机会。

这段话其实透露出了一个悲伤的信息：匹凸匹的这种投资方式风险是很大的。

7.2 从高管名单里读出企业的经营方向

火车跑得快，全靠车头带。一个上市公司的经营方向的选择以及经营的好坏，董事长和总经理为首的管理团队是很重要的影响因素。因此，如果企业的高管团队均是该领域的顶尖人才，再搭配出色的营销人员，那么这家企业就算是业绩暂时不佳，也能重整河山收获不错的效益。

但是，有的上市公司的高管团队履历表里竟然是和本行业关联不大的经验，甚至还有低学历、过于年轻、零从业经验的高管，这样的企业，在确定投资目标的时候就需要做好分析了。

珠江控股在投资收益上的操作堪称经典，我们在投资收益一节做过介绍。而让它的操作行云流水毫无破绽的，恐怕是高管清单里的两个关键人物：一位是会计界知名的独立董事（简称独董），另一位是该公司的财务总监。该公司的财务总监是中央财大会计系毕业的研究生，想必理论基础和实务经验都非常丰富。

在珠江控股的年报里，这位独董的介绍很霸气：会计学博士、财政部会计领军人物、中国注册会计师、英国皇家特许会计师、澳大利亚注册会计师、香港注册会计师、中国注册会计师协会惩戒委员会委员、中国成本研究会理事、中国内部控制标准委员会咨询专家、中国注册会计师协会专家、首都经贸大学兼职硕士生导师，主要从事财务、会计、审计、内部控制、企业经营、并购投资以及产业基金运作等方面的研究和实务工作，有较为丰富的理论和实践经验。

从独董的背景就可以了解为什么珠江控股在经营形式一塌糊涂的情况下，还能有一份尚能说得过去的年报，在 A 股混得风生水起。

该独董不仅仅为珠江控股服务，自 2012 年起同时担任汉王科技的独董，在 2014 年又担任汉王科技的总经理，如今是汉王科技的董事。而效益一直不佳的汉王科技"恰好"也是自 2012 年开始有了非经常性的收益，通过处置长期股权投资和理财收益来确保了利润为正数。

只不过，这样协助上市公司进行财技表演的独董，符合证监会的规定吗？

Tips：独立董事是指独立于公司股东且不在公司内部任职，并与公司或公司经营管理者没有重要的业务联系或专业联系，能对公司事务做出独立判断的董事。其职责是客观地监督管理层，既为公司服务，又能维护中小股东权益，使公司和股东实现"双赢"。独立董事的职责是维护上市公司整体利益，维护中小股东利益不受侵害。但是如今很多上市公司聘请独立董事，并非是为了维护股东利益、客观地监督管理层，而是为了提升企业形象，便于市场融资。

独董多为专家学者、离任总裁、商界成功人士等，他们眼界开阔，经验也比较丰富，必要时确实可帮助企业审时度势，有效利用好政策环境。独董与大股东实际上的"雇佣"关系，也让他们很难站在全体股东尤其是小股东的立场，对大股东的不合理要求提出异议或拒绝。

由于责任机制缺位和不到位，独董的责任意识普遍不强，"附和性"的投票表决充斥在各公司董事会中。与国际上成熟的上市公司相比，我国的独立董事制度不太完善，独立性很难得到保证，由于董事会成员中独立董事占据的比例较小，造成独立董事难以将其具有的表决权真正发挥出来。独立董事的意见分歧就难以在董事会表决的过程中得到足够的支持，因而也就难以实现对管理层的监督与制约。除此之外，上市公司独立董事作为一个社会人，在考虑决策时存在人情方面的影响因素，有时甚至是会由于表达问题而无法得到董事会的支持，从而选择弃权或直接附和董事会内部的意见。

7.3 从股东构成里读到上市公司的行业地位

2017 年 6 月 9 日，中国恒大发布公告称，公司以 292 亿元将手中持

有的万科的 1 553 210 974 股股份转让给深圳市地铁集团,股权转让比例为14.07%。新晋大股东深铁集团在股东大会增加了万科董事会换届提案。在提案中,7 位非独立董事候选人,有 6 人来自万科管理层和深铁集团,二股东宝能则无一人入围。作为这场大戏的主角,王石宣布退出万科董事会。深铁集团笑到最后,历时两年的万科股权斗争大戏落下帷幕。

在万科的年报附注中,十大股东的头名也由上年的华润股份有限公司变成了深圳市地铁集团有限公司。自此,做了 17 年万科最大股东的华润黯然离场。

这场惊心动魄的股权之争大戏让投资者们看得欲罢不能,在散场之后又给大家留下怎样的思考呢?

7.3.1 十大股东明细里的行业大佬们

根据证监会的披露要求,上市公司的十大股东需要逐一列示,在年报附注中分两种情况,分别是十大股东和十大流通股东。二者的最大区别是,十大股东是来自持有公司所有股票的人的最新排名,而十大流通股东是来自持有公司所有流通股份的所有人的排名。在十大股东的股票明细里有一些并没有解禁的股票。

在万科的最新财报中,深圳地铁集团成为最大股东,该公司是当地房地产行业的巨无霸,因此它入主万科的目的也非常清晰,就是提高在这个领域的占有率。

王石并不是唯一的牺牲品,在 A 股市场,类似"宝万之争"的大股东争权事件时有发生。2015 年,地产商京基集团联合两位"超级散户"举牌康达尔,当时京基集团与一致行动人持有康达尔共计约 31% 的股份,与第一大股东深圳市华超投资控股集团有限公司及其一致行动人仅差一步之遥,后者持股比例为 31.66%。在 2016 年年报中,京基集团一跃成为最大股东。从经营范围来看,康达尔本来是以经营饲料为主的农业股,但涉足一部分房地产开发业务。搞房地产的京基集团看中的恰恰是这部分业务,尤其是康达尔的优质土地资源。所以,控制权的转移必然导致这家企业经营范围的变化,业务和概念都与以前大有不同,股价也必然受到影响。当然,强行嫁娶的过程并不太顺利,在很长一段时间内,康达尔控制权的争夺还会持续。但是这样不断上演的宫斗剧，给了投资者提了一个醒：年报附注里的十大股东还是值得仔细玩味的。

当然，大部分专注经营的公司并没有这么复杂的明争暗斗。比如比亚迪的十大股东明细表里，除了香港中央结算有限公司（沪港通的代理账户）外，第一、二大股东被王传福及其表兄吕向阳牢牢把持。这也是给投资者一个定心丸，企业经营方向不会变。

7.3.2　谁在不断地悄悄减持

财报中十大流通股东和十大股东数据的更新频率是一年四次，对应的披露的财报分别是一季报、半年报、三季报和年报。披露的主要项目是股东的持股情况，还有比较于上一期的增减情况。其中增减情况是一个非常重要的指标。一般来说，增加持股是对公司有信心，减少持股是对公司失去信心（引入战略投资者除外），直接关系到股价涨跌。另外通过研究一些股东的行为，我们就可以看出那位股东增持或减持的目的。

Tips：据统计数据显示，2016年中小板和创业板大股东、董监高通过深交所交易系统减持股份的方式以大宗交易为主，减持股份数量占比93.20%，减持股份金额占比91.71%。

证监会在2016年1月发布实施《上市公司大股东、董监高减持股份的若干规定》，规范大股东的减持行为。但是仍有不少大股东想方设法减持套现，说明这些公司上市或者增发的目的并非是搞好企业经营，而是个人经济利益。

2017年1月，华锐风电发布公告，萍乡富海拟在未来半年内减持其所持有的全部占总股本14.85%的股份。原分别持股7.96%和6.96%的大股东远质投资有限公司、西藏新盟投资发展有限公司也在同一时间点各自减持占总股本2.96%、1.96%的股份。即便是原第一大股东重工起重，也于上述时间点进行减持。该公司的四大股东统一共识，准备套现并逃离。这样的行为自然让已经被ST的华锐风电的股价一落千丈。

与华锐风电的减持性质不同的是，掌趣科技减持后的接盘对象是林芝腾讯（腾讯全资子公司）。这种减持的效果也是显著的，在林芝腾讯接盘后，掌趣科技的股票迅速上涨。不过之后大股东玩脱了，继续减持，而林芝腾讯没有继续增持，这样的玩法导致股价回落。

在引入战略投资者的过程中，也不乏失败者。2016 年 8 月 23 日，新筑股份发布公告称，控股股东新筑投资及其一致行动人聚英科技，合计持有公司股份占总股本的 28.65%，计划减持公司股份合计不超过 7000 万股，占公司总股本的 10.85%。此次减持目的是为公司引进战略投资者。本次减持计划不涉及公司控股股东、实际控制人的变更，对公司持续、稳定发展不造成负面影响。该公告一出，增加了市场的信心，新筑股份的股价便开始一路上涨。然而，两个月后，引入战略投资陷入僵局，新筑股份减持也被迫停滞。该公司又发出新公告，新筑投资为新筑股份引进与其业务具有协同效应的投资者事宜和相关方还处于洽谈中，预计不能在原计划的减持期限内完成上述工作。为保证相关工作的顺利推进，拟将本次股份减持计划延期，减持时间为自 2017 年 2 月 26 日起不超过 6 个月。股价应声而落，并且由于业绩得不到改善，股价陷入低谷。

7.4 从资产负债表项目里读透经营导向

一张标准的上市公司资产负债表超过 80 行，但并不是每一行的项目都会有数据，我们通过浏览几个核心项目是否有数据以及金额的比例，就可以大致了解到这家公司的经营导向。

7.4.1 轻资产企业与重资产企业

根据固定资产和在建工程等资产项目在总资产中的占比情况，可以将上市公司简单划分为轻资产企业和重资产企业。

一般而言，轻资产企业有以下几个特点：

1. 公司的经营性设备、房屋建筑物等固定资产和在建工程占比较低；
2. 企业融资主要是内源性融资，负债比较少，主要依赖利润支撑运营；
3. 现金流比较充裕，财务杠杆较低。

相应地，传统重资产企业在这几个方面是相反的，既要忙于生产制造，又要进行营销和研发投入，资本性支出不断扩大，固定成本与财务开支居高不下，同时兼有过高的经营杠杆和财务杠杆。

2013年开始，万科提出了全新的"轻资产、重运营"的财务经营战略。之后万科一直保持着中国内地房地产企业龙头地位。

轻资产企业最典型的特点就是现金流的充裕，在万科成功转型后，我们可以通过财报看到2014年的经营性现金流入得到了爆发式的增加（如图7.1所示）。

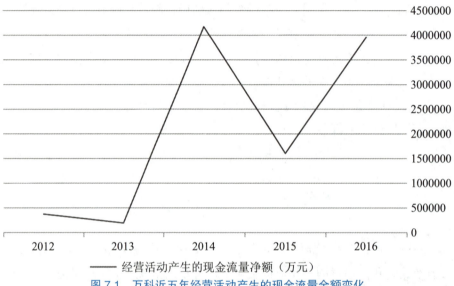

图 7.1　万科近五年经营活动产生的现金流量金额变化

在2014年减少资产的基础上，2015年万科开展大规模的投资活动，与此同时，投资房地产建设的增速由2013年的20%降到9%，释放了大量的现金流，用于品牌建设、客户管理、供应链管理。

重资产企业一般负债压力较重，盈利能力受到财务费用过高的拖累，但并不代表这种企业就没有投资价值。在近年来的供给侧改革过程中，重资产的钢铁企业陷入困境，然而同样是重资产的港口、机场等行业却整体向好。

7.4.2　专业化经营企业与多元化经营企业

由于投资者对成长性企业的追捧，导致很多上市公司疲于增加业绩。而增加业绩的方式通常有两种，一种是在本行业内不断地加大市场占有率，提升份额，从而实现更多的营收。比如安琪酵母，该公司已经在国内实现了50%的市场占有率，接近了行业天花板，董事长一声令下，又向国外进军，开始全球化布局，目前全球市场占有率超过12%。另一种是在各行各业不断地实施并购，通过收购成长性好的企业来提高自身的成长性，比如巴菲特的伯克希尔—哈撒韦公司。二者的差异会在长期股权投资项目上体现出来，前者的长期股权投资为零或者很少，而后者的长期股权投资往往在资产中占比超高。

专业化经营和多元化经营是两种不同的经营方向，并没有优劣之分，但需要特别注意的是，许多A股上市公司在经营乏力的时候，会选择乱投资、编故事，伙同机构炒作股价，从而谋取利益，这就需要投资者对长期股权投资的内容进行甄别。

7.4.3 低杠杆企业与高杠杆企业

"老干妈"的创始人陶碧华有一句名言：我坚决不上市，那是骗人家的钱。这句话的正确与否有待商榷，但说清楚了有些公司上市的一个重要的原因：圈钱。

许多公司上市后，靠自己的资金就可以很好地保持营收增长，因此不需要借钱。比如苏泊尔，根据2017年半年报，手里捏着8亿元现金，没有一分钱的长短期借款。

还有一部分上市公司，富贵险中求，大量借债，高杠杆运行，用银行的钱给自己赚取利润。比如融创中国，资产负债率超过90%，甚至借万达的钱来买万达的资产。

低杠杆运营的公司大多经营稳健，但通常股价也不会有特别的异动，适合长期持有；而高杠杆运营的公司则要具体情况具体分析，有些轻资产运作的企业会像乐视网那样不计后果地举债扩张，对投资者来说就是灾难。

7.4.4 行业相对强势企业和行业相对弱势企业

如果一家企业的应收账款非常少，远远低于其营业收入，那么说明这家企业在交易过程中属于强势的一方，多为现金或者极短期限的赊销交易；反之，如果一家企业的应收账款余额巨大，甚至经营性现金流都是负的，则说明这家企业在交易过程中属于相对弱势的一方。

而在行业中更加强势的企业肯定要比弱势企业值得投资。

第 8 章

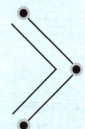

报表人员财技秀

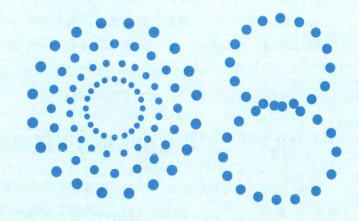

　　为了规范公开发行证券的公司财务信息披露行为，保护投资者合法权益，证监会发布了《公开发行证券的公司信息披露编报规则第 15 号——财务报告的一般规定》。经过会计师事务所审计、严格按照监管层的要求编制的财务报告是不是就一定能对投资者负责了呢？抑或是所有的财务报告都是造假的，没有参考价值了呢？

　　这个问题要从两方面来看，一方面，监管层和上市公司永远是猫和老鼠的关系，只要政策有漏洞，就会有企业想方设法去利用；另一方面，经过事务所审计的财报，虽然还存在着"修饰"的可能，但大规模的造假是比较少的，因此是可以拿来指导投资的。

8.1　不妨恶意揣度粉饰财报的动机

　　Tips：作为一个曾经的报表工作者，我在财报的各个项目都曾经做过不同程度的"粉饰"。因此，在投资者阅读上市公司财报的时候，我建议，不妨以最大的恶意去揣度该公司的动机。

　　为了达到不同的目的，上市公司才会用五花八门的"财技"来粉饰报表，其中的动机，大致有以下几种情况。

1. 维持股价的需求

　　毋庸置疑，在所有粉饰财报的动机中，这是最直接的。把财报粉饰得好看了，可以通过讲故事维持一个比较满意的股价水平，从而使企业持股的高管、员工获取不错的收益。当然，除此以外，还可以通过股票质押的方式，以更低的成本获取更多的融资。乐视网的例子举了很多遍了……

2. 避免 ST 的需求

A 股市场对上市公司的净利润有比较高的要求，比如连续三年亏损就要 ST。那么，一些濒临 ST 的企业如实展示亏损的财报，恐怕就要戴上帽子，被投资者抛弃了。经过修饰的财报会体现成盈利而非亏损，从而避免被 ST 的命运。比如珠江控股，通过可疑的巨额投资收益虚增利润从而保壳。

3. 业绩考核的需求

很多央企负责人都是带着任务的，比如中字头的企业负责人们。在企业经营形势不好的情况下，如何保质保量地超额完成任务呢？那只能把希望寄托给财务报表人员了。

4. 从金融机构获取资金的需求

企业在银行等金融机构贷款的时候，金融机构的风控委员会对企业进行全面的评估，其中财报是最核心的内容。财报数据越好看，企业的信誉就会越好，获取资金的成本就越低。

5. IPO 或者增发的需求

上市时的财报是"粉饰"高发区，甚至严重的会造假。禁不住上市圈钱的诱惑，许多企业冒险火中取栗，疯狂修改财报。比如天能科技、万福生科等公司通过伪造报表数据实现 IPO。

6. 纳税筹划的需求

一些效益不错的民企，为了避免缴纳高额税款，会在财报上进行"合理避税"修饰。所得税是在企业利润基础上实实在在的现金流出。出于偷税、漏税、少纳、迟纳的目的，经营者一般会隐瞒收入、虚构成本费用、将本期报告利润推迟来调整应纳税额或改变固定资产的折旧方法、存货的计价方法等会计政策来减少纳税。

7. 高管政治利益的需求

我们有时会看到某央企高官调任某省市领导职务的新闻。企业高管人员从自身利益出发，往往只注重企业的短期效益，使其任期内的营销业绩大幅上涨，最大化自身权益。比如某石油企业，其负责人调任省长的时候，业绩发生一些趋向好的方面的波动。

8. 推卸历史包袱的需求

有的高级管理人员、财务负责人调职离任前，会对其在职期内因个人原因造成经营不善或重大财务问题的会计报表进行包装粉饰，来推卸自身责任，以成功躲避公司的离任审计。

8.2 事务所审计过的报表就是真实的吗

2001年，上海国家会计学院宣告成立，时任国家总理的朱镕基为之题词："不做假账"。当时的我还是个刚毕业的小会计，正在电脑前对着浩瀚的会计报表发呆。

Tips：很多没有接触过财务知识的读者会觉得做假账的会计太可恶了，与做假账的会计狼狈为奸的事务所也是毫无道德的。企业花一分钱账簿就应该体现一分钱呀，为什么要做假账？其实这是认识的偏差，虽然我用了大量笔墨介绍财务人员在编制年报时所使用的各种技巧，但我用的词是"修饰"，而非"造假"。因为绝大多数财务人员的财技并非是用来造假，而是合法的。

8.2.1 美妙的入账规则

下面先看一个例子：

公司给员工购置了一部手机，花费8000元。无论是发票还是银行存款减少，都证据确凿，入账应该是有明确标准吧？

然而并非如此。先看看企业会计准则中关于固定资产的定义。

固定资产，是指同时具有下列特征的有形资产：

1. 为生产商品、提供劳务、出租或经营管理而持有的；
2. 使用寿命超过一个会计年度。

使用寿命，是指企业使用固定资产的预计期间，或者该固定资产所能生产产品或提供劳务的数量。

固定资产同时满足下列条件的，才能予以确认：

1. 与该固定资产有关的经济利益很可能流入企业；
2. 该固定资产的成本能够可靠地计量。

这部手机是办公用的，是为了企业经营而持有的，使用期限较长并且金额较大，这应该符合固定资产的标准吧？

但是我的同事不这么认为，他觉得应该进入管理费用，作为办公费处理。从其实际性质来看，这么处理也不无道理。而我们的财务负责人却认为这属于给员工的福利，应该进入福利费。还有人认为符合公司的低值易耗品管理规定，可以入低值易耗品，入账的时候摊销一半，一年后全额摊销。

你看，一部小小的手机，竟然有四种不同的处理方法，哪一种处理方法是对的呢？答案是，都对。

在会计实务处理中，一项业务如何处理往往没有标准答案，只要不违反会计准则，会计人员通常会采用更有利于公司意愿的处理方式。

继续以这部手机为例，如果按照固定资产处理，电子设备通常按照4年计提折旧来计算（为计算方便，忽略残值，并假设6月份购入），这部手机减少当年利润1000元；而按照办公费或者福利费处理，当年利润就减少8000元；按照低值易耗品入账的话，这部手机减少当年利润4000元。假设除了这笔业务外，这家公司当年利润为10 000元，第一种入账方式，公司当年利润总额为9000元；第二种和第三种入账方式，公司当年利润总额为2000元；第四种入账方式，公司当年利润总额为6000元。

哪一种是假账呢？都不是假账。这就是财务的美妙之处。当然，这种美妙对于投资者来说是一种灾难。假设这家企业是上市公司，如果当年经营形势非常好，为了调剂利润，会计人员就会倾向于第二、三种入账方式，如果经营形势比较差，会计人员就会尽可能地用第一种入账方式。如果为了合理避税，则会使用相反的手法。

一家集团企业一年可能有数百万张凭证，其中相当一部分都是这种情况，这就存在着相当大的利润金额其实是由会计人员"调剂"出来的。

8.2.2 审计事务所的斗智斗勇

会计人员这样"一手遮天"就没人管了吗？当然会有人管，那就是审计事务所。中国的审计事务所背了很多黑锅，有些公司背景深不可测、得罪不起，审计事务所昧着良心在审计报告上签字盖章；有些公司规模庞大，普通的抽查方式根本无法保证样本的可靠性；还有些公司绞尽脑汁和事务所交锋……

还是举个例子吧：某上市公司在接受年度审计的时候，坚持原则的某四大审计事务所之一的审计师萌妹子一定要去盘点库存，该企业经营网点众多，偏偏给她选择了一个非常远的海边的网点。抵达盘点地点后已经是饭点，于是觥筹交错，一斤白酒灌进去，萌妹子依然倔强地迎风站立。企业安排她去高达几十米的海边仓库顶盘点。萌妹子爬了五米，往下一看，哇的一声哭了，然后吐得一塌糊涂，乖乖地爬下来在企业准备好的盘点表上签字。

Tips： 因为事务所背负着巨大的法律责任，所以在审计的时候通常非常尽责，对于企业明显的重大造假和无法解释的账务处理，都会拒绝出具无保留意见的审计报告。但是，对于企业想要修饰利润的意愿，只要不明显违反会计准则，基本是给予配合的，甚至有时候事务所会指导企业如何实现其意愿。

仍然需要提醒一下读者：这些"修饰"并非"造假"。像A股市场上那些脑洞大开的真正违反会计准则甚至违法的造假，最终都被移交到了司法机关，负责审计的事务所也难辞其咎，会受到连带处理。

如果我们不认可事务所的审计结论，那么投资者就毫无依据可言，所以有必要假设事务所的审计报告是正确的。事实上，从某种意义上讲，经过事务所审计的财务报告，就是"真"的。

8.3　所得税费用是负数

我小时候经常被南方黑芝麻糊的广告洗脑，那一声悠长的"南方黑芝麻糊"瞬间就把自己带入了香喷喷的向往之中。

冲调食品方面的整个行业的销售业绩基本是呈下降趋势，饮料行业则出现较大的分化，一些知名品牌知名产品也出现了一定程度的销售下滑，而一些新兴的饮品则在报告期发展迅猛，在竞争加剧、消费需求多样性的时代，凸显出产品迎合消费、贴近需求的重要性。

南方黑芝麻糊几乎垄断了糊类市场，市场占有率达到40%。近五年来营收不断扩大（如图 8.1 所示），但是越是垄断越容易达到行业的天花板，净利润并未与销售收入同比例增长。随着整个行业的萎缩，如今的年轻人已经没有了这样的记忆，因此南方黑芝麻糊兜售的对象变成了中老年群体。南方黑芝麻集团（下面简称黑芝麻）也意识到了客户群体的老化严重制约了盈利能力，于是频繁主动出击进行变革。

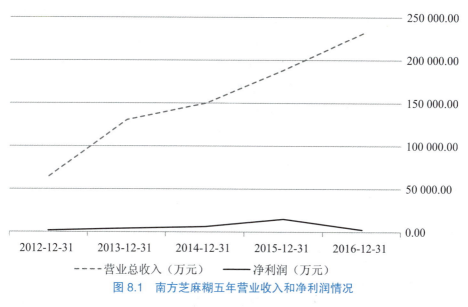

图 8.1 南方芝麻糊五年营业收入和净利润情况

8.3.1 通过收购实现业务多元化

实现业务多元化最简便易行的方式就是收购，自 2013 年起，黑芝麻加快了并购的步伐。2013 年收购黑五类物流 100% 股权，2014 年收购江西黑五类 70% 股权，2015 年收购容州物流园 100% 股权、金日食用油 100% 股权，2016 年收购京和米业 51% 股权、汉光富硒 51% 股权，2017 年收购礼多多 100% 股权、深圳润谷 51% 股权、容州物流园 100% 股权。

从收购的公司类型来看，黑芝麻初期倾向于和自己传统业务相关的行业，并做大配套物流。2016 年起开始进军富硒大米，2017 年进入电子商务领域。

然而根据 2017 年的第三季度报表数据得知，黑芝麻的投资收益是负数（–38 万元）。由于多起收购都是溢价收购，导致商誉余额 2700 多万元。也就是说，这些收购非但没有达到预期的效果，还面临商誉减值的风险。

8.3.2 扩充品类，加大媒体宣传并定制周边食品

常年来，黑芝麻的营销方式比较单一，除了偶见电视广告，鲜有年轻人喜闻乐见的广告形式。在原有用户群不断老化、减少的过程中，2015 年黑芝麻做了一个大胆激进的尝试，冠名某综艺节目，并为之定制周边食品。根据节目属性，这次的定位是具有更高消费能力的年轻女性，主打黑黑乳。然而，2015 年的年报显示，该项活动带来 2.77 亿元的库存商品余额，到 2016 年年报，黑芝麻的库存余额增加到 3.59 亿元。

在没有经过充分论证和试水的情况下，试图通过一次冠名活动就实现超过 2 亿元的销售额，老牌上市公司的幼稚举动让人很难理解，也说明黑芝麻的营销策划存在着很大的问题。结果该综艺节目收视率惨不忍睹，导致这次活动远远没有达到预期，定制的商品压根没有销量，给黑芝麻背上了很沉重的包袱，也严重拖累了 2016 年的净利润。如果不是黑芝麻采用了非常奇葩的财技（待下文详细介绍），2016 年的净利润恐怕是亏损的。

黑芝麻 2017 年又宣布了两项冠名，颇有屡败屡战的风骨。在 2016 年的年报中，仅预付广告费就高达 1.3 亿元，远超净利润，占销售收入的 6% 左右。这个曾经家喻户晓的品牌，开始重新宣传转型后的自己。

8.3.3 疑点重重的电商渠道进展

2017 年黑芝麻收购了礼多多，开始向电商靠拢。黑芝麻认为，为了迎合互联网对人们衣食住行等生活影响日益加深的潮流趋势，应加大电商业务推广，开发并不断丰富电商系列产品，形成线上线下相结合、共互补的方式黏

合消费者，通过传统渠道和电商渠道促进产品销售。然而这桩收购却被深交所发去了问询函，问询函首个问题就指向重组是否有利益输送。原因是2016年9月，礼多多以8.46元/股的价格定增1.3亿元。广西黑五类全额认购，成为持有礼多多的第二大股东，持股20%，广西黑五类正是黑芝麻的全资子公司。从广西黑五类进入礼多多到黑芝麻收购礼多多，只有4个月的时间，是否有人暗中操纵？在2016年11月，礼多多以4.23元/股的价格，给公司高管和核心员工们发行了共1300万元每股4.23元的股权激励，2个月后公司以约8.76元/股的价格被黑芝麻收购。这些巧合的时间点，难免不让深交所质疑存在利益输送。

撇开收购礼多多的操作疑云，黑芝麻向电商渠道的迈进是必须的。新生代消费者的消费观念已发生了巨大的转变，商家不去转型追逐消费者的喜好，就会被消费者淘汰。新的消费观念有以下特点：一是追求简单快捷的便利化；二是消费日趋个性化，因此互联网时代出现很多小众、小批次的产品；三是年轻消费者情绪化、非理性消费。从而导致一些迅速崛起又迅速衰落的产品出现，比如鸡尾酒饮料。由于消费者观念的变化，导致一些传统老牌饮料的销量下跌，对整个食品业界产生了巨大的影响。黑芝麻意识到了这些问题，试图通过收购礼多多来加速转型并押宝电商和轻脂饮料。

8.3.4 错综复杂的财技——通过递延所得税资产逆转亏损

在经营方面的努力没有结出硕果，黑芝麻2016年收获了5年来第二差的净利润，这样差强人意的业绩也是存在疑点的。2016年的利润总额为-2113万元，净利润等于利润总额减去所得税费用，通常情况下利润总额为负的企业必然是亏损的，但黑芝麻2016年却是盈利的，净利润2517万元，这是怎么回事呢？再仔细一看，所得税费用是-4630万元，怎么会是负的，难道税务局还欠黑芝麻钱？

这就要从递延所得税资产和递延所得税负债说起，这两个资产负债表项目比较特殊，并不是企业真正的资产和负债，而是财务会计和税务会计的差异项目。比如坏账准备，税法规定实际发生的时候方可以税前列支，计提的时候不得税前列支，那么财务会计计算出来的利润和税务会计计算出来的应纳税的利润就会产生差异。

我们举个简化的例子,某公司收入1000万元,成本500万元,提取了坏账准备200万元,除此之外没有其他利润表项目,那么这家公司的财务会计的利润就是1000万元减去500万元减去200万元,是300万元,按照所得税率计算,需要缴纳的所得税就是300万元乘以25%为75万元;但是税法不承认这200万元坏账准备,那么税务会计的利润就是1000万元减去500万元,为500万元,需要缴纳的所得税就是500万元乘以25%为125万元。这样就有了50万元的差额,如何处理呢?

首先这50万元是必须要交给税务局的;其次如果将来真的发生了坏账,这50万元是可以抵扣的,也就是说,这50万元差额是"预支"的税金,就放在"递延所得税资产"项目。如果差额是反方向的,就放在"递延所得税负债"项目。在计算所得税费用的时候,需要用税务会计计算的应交所得税加上递延所得税负债和递延所得税资产的差(这个差又叫作递延所得税费用),也就是说,如果递延所得税资产比较大,所得税费用就可能是负的。

没错,黑芝麻就采用了这样罕见的财技,实现了所得税费用为负。黑芝麻2016年财报里的递延所得税资产主要是由5995万元的可抵扣亏损和1490万元的资产减值准备构成。

Tips:资产减值准备不难理解,那么什么是可抵扣亏损呢?因为所得税是按照利润总额的百分比(普通企业为25%)缴纳的,如果遇到亏损的年份就不需要缴纳,那么如果第一年亏第二年盈利呢?是按照两年合计数缴纳还是只按照盈利那年数缴纳呢?税法的答案是,企业盈利的年份是可以弥补亏损后再缴纳所得税的,以前年度的亏损可以用来抵扣,这就是可抵扣亏损。根据税法,预计可以弥补的亏损允许做成递延所得税资产,可抵扣亏损最多可以抵扣五年。

黑芝麻就将发生的亏损预计五年内弥补,提取了递延所得税资产,从而把2016年的净利润精准地调成了正数。

对比查阅利润表的收入、成本项目和现金流量表就真相大白:2016年营业总收入23.14亿元,但营业总成本为23.28亿元,营业利润亏损0.14亿元;相应地,经营性现金流量净额为-6854万元,总的现金流量净额为-2854万元。由此可见,黑芝麻2016年并没有真的赚到钱,净利润只是账面的盈利。

据 Wind 数据统计，整个 A 股市场，所得税费用项目为负数的企业并不多见，只有 172 家且属于金额普遍较小的正常的调整。即便所得税费用是负数，也极少能影响净利润的性质，能通过所得税费用把亏损做成盈利的就更罕见了。

查阅历史资料，我们会发现这不是黑芝麻第一次采用这种财技。早在 2012 年，中国证监会广西监管局就针对黑芝麻的 2011 年年报提出了责令整改函：近三年账面确认了 190.48 万元递延所得税资产，2011 年末递延所得税资产余额为 1359.44 万元。公司递延所得税资产的确认和核算与《企业会计准则第 18 号——所得税》第十一条、第十八条规定不符。

8.4 一定要留意交易所的问询函

每年三四月份是上市公司年报公布的高峰期，同时，也是上交所和深交所问询函的高峰期。2017 年上交所和深交所就 2016 年年报发出了超过两百份问询函，质疑的问题从关联交易到收入构成到投资收益面面俱到。每年华丽的年报出炉后，总会推动一大波股价上涨，但不乏有上市公司铤而走险，通过各种财技修饰年报。而交易所的会计师们个个火眼金睛，在第一时间找出问题并发出问询函。

其中监管层最关注的问题主要包括以下几种情况。

8.4.1 扣非利润与非经常性损益

许多濒临 ST 的上市公司，在主营业务亏损的情况下，会通过投资收益等非经常性损益的方式实现盈利。而这种财技，正是监管层关注的重点之一。这种盈利并非因为经营改善，而是投机的方式，并不能持续。

2017 年 5 月 22 日，深交所向万方发展发去了问询函，其中涉及扣非利润的内容如下：年报显示，报告期内，公司实现扣除非经常损益后归属于母公司所有者的净利润 –13 888 683.46 元，较上年同期增加了 66.26%；经营活动产生的现金流量净额为 710 642 293.57 元，上年同期为 –719 598 735.11 元。

请公司结合"现金流量表补充资料"中主要项目的变化情况说明报告期扣非后净利润与经营活动产生的现金流量净额之间存在重大差异的原因以及经营活动产生的现金流量净额同比发生重大变化的原因。

万方发展自然不敢怠慢，6月5日进行了答复并披露，主要内容为：公司不再向土地一级开发项目投入资金并收回相关暂付款项。公司由土地一级开发业务及木材批发零售业务向互联网健康医疗、基金管理等业务转型。由于企业转型，导致现金流发生了重大变化。

8.4.2 研发投入资本化

一般而言，一项研发活动只有到开发阶段后期，才能符合资本化条件。但是很多企业为了让利润表更好看，将研发费用大比例资本化。研发投入体现为费用，会抵减当期利润；如果资本化转变为无形资产，则就可以分十年进行摊销，大大减轻了利润压力。

2017年4月18日，上交所向广誉远发去了问询函，其中质疑研发投入资本化问题：

公司报告期内研发投入合计766.87万元，其中资本化金额397.32万元，系杏林壹号APP系统研发投入资本化，研发投入资本化比重51.81%，而公司前两年度均未有研发投入资本化。请补充披露：请公司对照《上市公司行业信息披露指引第7号——医药制造》第十一条，结合药品研发流程，补充披露公司研发支出的资本化条件，及上述资本化研发投入确认依据。请会计师发表意见。

8.4.3 递延所得税资产

递延所得税的确认与计量直接关系到企业所得税费用的金额，进而影响企业净利润，对于所得税费用为负并且对净利润造成重大影响的上市公司，其递延所得税资产的提取都是存疑的。

2017年3月27日，上交所对南威软件发去了问询函，其中关注了递延所得税资产情况：

本年度，公司确定递延所得税资产金额为 2467 万元，同比增加 1157 万元，直接导致公司当期所得税费用为 -118 万元，明显增厚公司净利润。其中，公司对于子公司待弥补亏损确认递延所得税资产 1317 万元，同比增加 737 万元，增长比例为 127%。请公司补充披露：（1）结合子公司的盈利方式、具体经营数据、相关行业发展情况、可比公司情况，详细分析子公司未来的经营计划，相关盈利的可实现性；（2）将大额待弥补亏损确认为递延所得税资产的合理性，并提供切实可靠的证据资料。请会计师发表意见。

南威软件回复称，经核查，会计师认为，根据公司的经营规划及行业情况，公司各子公司相关盈利具有可实现性，未来期间很可能取得足够的利润用来抵扣可抵扣亏损，公司各子公司确认的未弥补亏损递延所得税资产符合谨慎性原则，具有合理性。

8.4.4 企业并购相关问题

有一部分企业，为了制造热点，收购一些没有实际盈利能力的公司，并做出不切实际的承诺。为了保护投资者利益，监管机构对这些并购盯得非常紧。

2017 年 3 月 10 日，英洛华发布 2016 年的年报，营收增长，扭亏为盈。3 月 27 日，深交所的问询函如期而至，对英洛华的年报提出了 7 个问题：

据你公司年报披露显示，2015 年你公司收购的资产浙江联宜电机有限公司（以下简称联宜电机）2016 年度的营业收入约为 4.92 亿元，经审计的扣除非经常性损益后净利润实际完成数为 6126.45 万元，与业绩承诺数相比，完成率为 107.56%。而据你公司于 2014 年 12 月 30 日披露的《发行股份购买资产并募集配套资金暨关联交易报告书》，根据收益法，联宜电机 2016 年预计营业收入约为 5.97 亿元，而预计净利润为 5696.06 万元。请你公司详细分析 2016 年度联宜电机实际营业收入低于预计营业收入的原因，并结合实际发生的营业成本、营业税金及附加、销售费用、管理费用、财务费用等科目和对应科目预计情况的差异及原因，说明在营业收入不及预期的情况下，净利润完成数仍高于承诺数的原因及合理性。

4 天后，英洛华迅速针对问询的问题进行了答复。英洛华从各方面进行了回复，并总结道：联宜电机通过产品转型升级、新产品与新市场开拓、采购成本下降、技术创新等措施，加上人民币对美元持续贬值等因素，有力促进公司产品毛利率不断提升，使得联宜电机在营业收入不及预期的情况下，实现扣除非经常性损益后净利润完成数仍高于承诺数。

8.4.5 关联交易

关联交易是个大坑，关联方可以进行利益输送，所以许多企业通过关联交易虚构收入和往来，对业绩进行修饰。因此，关联交易也是监管机构最关注的热点之一。

重庆万里新能源股份有限公司（以下简称万里新能源）2017 年 5 月 17 日公告，拟以 44 元/股的价格认购控股股东深圳市南方同正投资有限公司（以下简称南方同正）的控股子公司重庆特瑞电池材料股份有限公司（以下简称特瑞电池）新增股本 215 万股，并以 44 元/股的价格受让南方同正持有的特瑞电池 365 万股股份，投资金额合计 2.55 亿元。交易完成后，南方同正持股 38.76%，公司持股 15.61%，分别为特瑞电池的第一、二大股东。评估报告显示，特瑞电池 2012 年和 2013 年净利润合计约 1000 万元，2014 年亏损。

2017 年 5 月 17 日下午，上交所向万里新能源发去问询函，要求对关联交易事项做出解释，要求补充披露：（1）特瑞电池 2015 年和 2016 年快速增长的原因，以及主要利润来源；（2）结合市场可比交易的价格、市盈率等，说明本次交易作价的公允性，请评估师发表意见。

尽管万里新能源做出了看似合理的解释，但是，特瑞电池远超同行业的利润率是非常不正常的。

综上所述，投资者在判断一只股票的投资价值的时候，务必要关注交易所的问询函，如果交易所在问询函中有涉及业绩的疑问，那么这家公司十有八九是存在着问题的。不妨认真看一下它的回复是不是合理。

第 9 章

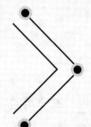

财报的综合分析

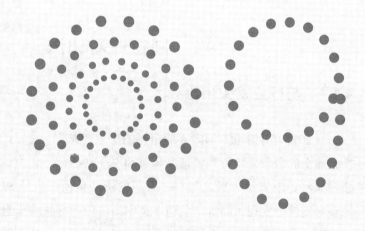

经过前面八章的介绍，我们对财报有了充分的认识，但是每一家公司的财报都是充满个性化的，有没有一个统一的标准呢？机构分析师、财务人员通常会用不同的指标分析体系来进行分析。这些分析方法有些非常专业，计算公式极其复杂，适用面也比较窄，但有些也适合普通投资者使用，可以比较容易地分析不同企业的财务情况，用来指导投资。

9.1 同行业对比法

9.1.1 与行业龙头相比

据 2017 年半年报，国内 A 股市场的房地产龙头企业资产负债率都很高，排名前十的房企平均资产负债率超过 80%。碧桂园、恒大、绿地等名企更是超过 88%。就算是 A 股之星——万科的资产负债率也是 82.66%。和同行业龙头对比就会发现，高资产负债率是中国房地产行业的普遍特点。

Tips：高资产负债率的风险众所周知，但有什么优点吗？对于房地产企业来说，实际的运作模式就是用银行的钱买地、给客户盖房子，然后自己赚个"手续费"，而高资产负债率的好处就是轻装上阵，更高效地拿地。

当前形势下的房地产运营模式决定了，只要拿地和卖房的速度足够快，房企就能还得上银行贷款，资金链就不会断裂。

从2017年的半年报中的偿债能力看，融创中国的流动比率为1.31，速动比率为0.7。这样的数据算好还是坏呢？

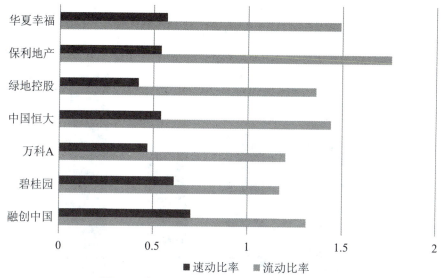

图9.1 房地产龙头企业的速动比率和流动比率

综合来看，融创中国的偿债能力指标并不算好，但是放在同行里对比来看，也不是太坏。所以在进行基本面分析的时候，不必一味地去看分析师过度僵化的指标解读，更要和同行业的龙头企业进行横向比较。

有分析师认为，高资产负债率并不是房地产行业的专利，比如香港房地产企业的资产负债率就控制得很好。这样比较其实是不太合理的，香港房地产市场与内地房地产市场差别很大。虽然房地产业在香港也是骨干产业，但是香港房地产商只面对香港这一个城市，每年的土地限量供应，企业在拿地方面相对稳健。而内地房地产商大部分要面对很多城市，通常在拿地方面比较激进，这种区别导致了内地房地产商的高负债运作，香港房地产企业的经营模式则不同，如香港的恒隆地产，甚至零负债经营，而这种经营模式在内地是无法开展业务的。

9.1.2 营收增长是否符合行业主流

尽管最近几年的房地产政策以限制发展为主，但这并不妨碍融创中国营收的逆势增长，2016 年的年报中，其营业收入达到了可观的 357 亿元。而 2017 年的半年报中，更是实现了 1088.5 亿元的合同销售额，营业收入 133 亿元。从这个角度看，融创中国还在成长期。

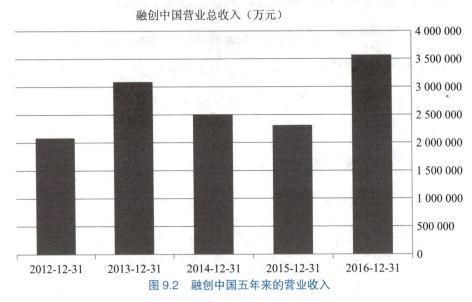

图 9.2　融创中国五年来的营业收入

对比国内房地产巨头五年来的营收变化情况（每股营业收入），可以发现，融创中国的营收曲线与主流房企基本一致。

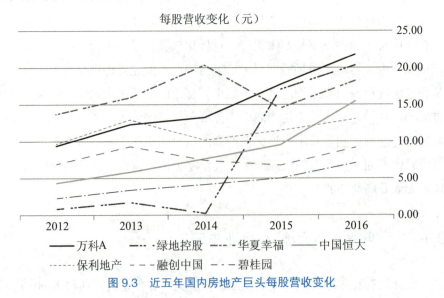

图 9.3　近五年国内房地产巨头每股营收变化

同样的，短期和长期负债的增幅，也和营收的增幅相匹配，并未出现非常明显的异常。

9.1.3 净利润保持稳定

融创中国（以下简称融创）的高速发展并没有带来净利润的上升，反倒是由于借款金额巨大导致财务费用越来越多，蚕食了利润空间。连续五年来的净利润几乎没有太大波动（如图9.4所示），这与融创的特殊发展模式有关。与大多数房地产公司不同的是，融创主要通过并购拿地。在并购完成后，拿到的基本上是已经完工或者接近完工的项目，融创便以很低的价格甚至成本价出售，大大拉低了净利率，从而影响净利润的增长。

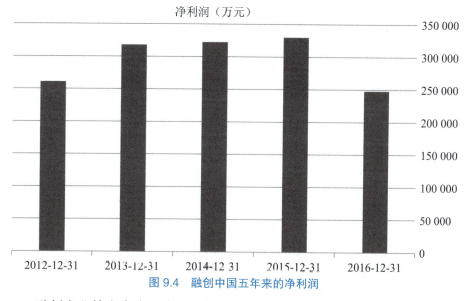

图 9.4 融创中国五年来的净利润

融创在业绩发布会上表示，随着后期高利润项目的结转并表，加上公司放缓并购及扩张步伐，融创盈利指标会呈现增长。根据融创中国在各个渠道的表态可以了解到，公司将暂停拿地，暂停拿地意味着借款大幅减少，利息支出会大大降低。这也是一个转型的信号，暂停扩张规模会让融创有难得的喘息机会。截至2017年半年报发布，融创已售未结转收入超过2000亿元，对应的毛利率超过25%。由于房地产行业确认收入的滞后性，

这些售房款在后续正式转变为账面收入后，净利润将不断恢复，报表将变得更好看。

净利润得到改善后，融创中国的另一个核心指标——市盈率也会跟着变好。摩根大通及瑞信等机构均认为融创的市盈率过高，并不值得持有。然而让我们看看市盈率的计算公式：股票的价格和每股收益的比率——使用2016年年报的数据（静态市盈率）和2017年半年报的数据（动态市盈率）得到的结果是不一样的，如果下个年度的年报中，融创每股的收益能够翻番——这并不是一个太难的任务，就算股价不变，融创的市盈率也会大大降低。

对于融创这种发展中、转型中的房地产企业来说，简单地根据市盈率的数值进行判断是不合适的，需要结合其预计收入、利润情况来综合分析。

9.1.4　充裕的现金流

虽然资产负债率很高，但融创中国却并不缺钱，截至2017年6月底，手握707亿元现金（剔除217亿元受限现金后）。单纯从资产负债表看，流动负债为2600多亿元，简单对比的话，现金无法覆盖负债。通过拆解流动负债可以发现，其中600多亿元是预收客户的房款——这是一部分实际上已经实现但尚未结转的收入，而且这些预收房款相当于企业在无偿占用客户的资金！其中900亿元为应付关联方的款项，实际真正需要短期支付的款项要少很多。

融创董事长孙宏斌在2017年7月的沟通会上称现在是融创的现金流历史上最好的时候。他在沟通会上表示，到2017年6月30日，融创账上还有900亿元现金，除去即将还债的部分，融创能动用的现金将近500亿元；其次，融创的回款率和销售额基本持平，6月销售额285亿元，7月销售额预计会超200亿元，8月以后能超过300亿元；再加上2016年10月1日后因为感觉地价太贵，融创基本停止在公开市场买地，把现金都留作并购之用。此次融创与万达交易只有300多亿元，以融创的现金流情况来看，没有压力。从半年报来看，孙宏斌的表态比较符合实际情况，并没有虚张声势。

9.1.5 需要警惕的指标

通过以上主要经营指标的对比，融创中国的业绩似乎还是很不错的，这样我们就可以放心大胆地持有了吗？也不尽然。虽然我不赞同大部分的分析师给出的"卖出"评级，但是融创中国的财务状况还是存在隐忧的，只是不那么糟糕而已。

1. 应收账款的增幅远大于营收

房地产企业在营收扩大的同时，应收款项类似比例增加是正常现象。但是融创中国的应收款项比例增加得有点离谱，根据年报披露的资料，主要增加的是应收关联方款项。考虑到融创收购了乐视，需要补一些窟窿，同时又收购了万达的酒店和文化产业，应收款项中存在关联交易过大的风险。

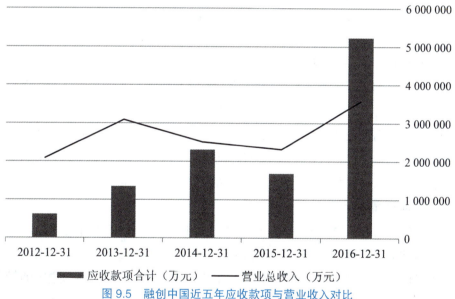

图 9.5　融创中国近五年应收款项与营业收入对比

2. 净利润不足以覆盖利息支出

由于高杠杆运作，不断地通过借贷并购、买地，融创中国的利息支出一直居高不下，从而带来的风险也是显而易见的。在 2016 年的年报中，融创的净利润只有 24.8 亿元，几乎不能覆盖利息支出；而在 2017 年半年报中，利息支出超过 20.7 亿元，已经远远大于净利润 13 亿元。

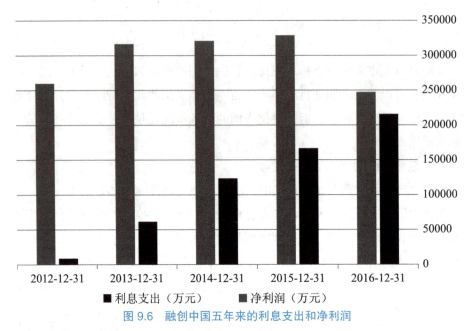

图9.6 融创中国五年来的利息支出和净利润

3. 投资收益2013年以来首次出现负数

由于收购乐视的影响,融创中国自2013年以来,首次出现了投资收益负数(-15亿元),大大拉低了净利润,主要原因是联营公司减值损失。2014年融创开始走大规模并购的路子后,年报的投资收益在13亿元到22亿元之间,从未出过差错,但乐视的并购说明,融创的大手笔并非总是精准和睿智的,在乐视的背后,是否还有隐藏的暂时未浮出水面的投资失误呢?

4. 股价高位运行

相较于营收规模差不多的其他房地产企业,融创中国的股价是比较高的,存在着估值不合理的现象。虽然融创接盘了万达的酒店文旅资产,但是这部分业务的短期盈利能力并不明朗,如果出现融创中国的业绩无法支撑如此高位的股价的情况,投资者可能就会弃之而去,散户可能会蒙受巨大损失。

Tips:投资者在对上市公司进行分析和评估的时候,不能简单机械地按照各项指标去生搬硬套,需要结合同行业的情况进行综合对比。不同的行业有不同的特点,行业龙头的对应指标最能说明问题。如果该企业的指标与行业龙头比差别并不太大,那么就算其指标暂时比较难看,也是值得持有的。

9.2　传统财务分析法

小帅最近事业小成,有了一点积蓄,考虑到保值增值,他决定去郊区投资一套小房子。在银行办贷款的时候,银行把他的信用信息查了个底朝天。银行关注小帅的哪些资料和信息呢?一般而言,银行关注的是小帅的收入水平、是否有不良贷款记录、社会信用记录、个人征信报告的查询记录等情况。综合这些信息,银行可以评估出小帅的偿债能力。

投资者在选择想要投资的股票时,也需要像银行审查小帅这样的分析方法。常见的分析法有传统分析法、杜邦分析法、EVA 分析法等。

Tips:传统分析法主要包括偿债能力、盈利能力、营运能力的分析——这些名词是不是很面熟?是的,它们会出现在所有炒股软件 F10 最醒目的位置,这些指标可以说明这家公司的基本情况,从而得出是否值得投资的结论。

以 2016 年万科的年报为例,来了解下这些指标是如何计算出来的以及所代表的意义。

9.2.1　基本指标

1. 市盈率(PE)

市盈率是最常用来评估股价水平是否合理的指标之一,由股价除以年度每股盈余(EPS)得出。每股盈余指公司税后净利润扣除应发放的优先股股利的余额与发行在外的普通股平均股数之比。同一个行业中,市盈率较低的股票更值得投资。

通过这并不太复杂的定义可以了解到,市盈率是由三个指标决定的:股价、年度净利润和股数。

万科 2016 年的净利润为 210 亿元,总股数为 110 亿股,那么每股盈余约是 1.9 元,PE 就是当前股价除以每股盈余的值(静态市盈率)。

看到这里,聪明的读者有没有发现问题?没错,市盈率是用上年度的净利润计算的,虽然市盈率看起来是变动的,但在一个财务报告期内,它的变化仅仅与股价相关,但"真实"的净利润却应该是随着企业经营的变化而变动的。

对于成长型企业或者净利润波动比较大的企业，用这种方式计算也的市盈率是非常不精准的，因此就有了"动态市盈率"的计算方法。

动态市盈率使用的净利润是预测的当前年度净利润值，通过季报、半年报以及企业发布的业绩预期公告等信息，合理预测净利润作为计算依据。动态市盈率的优点是可以结合企业的实时经营情况进行推算；而缺点是这种推算方式的不确定性其实是很大的，由于季报、半年报没有经过审计，其业绩可能存在水分，一旦经过审计的年报数据出炉，与预计数据出现较大偏差，投资者利益就会受损。

2. 市净率

市净率指的是每股股价与每股净资产的比率。一般来说市净率较低的股票，投资价值较高；反之，则投资价值较低。

净资产代表公司本身拥有的财产，也是股东们在公司中的权益，又叫作股东权益。在会计上，相当于资产负债表中的总资产减去全部债务后的余额。公司净资产除以发行总股本，即得到每股净资产。

万科 2016 年的股东权益为 1617 亿元，每股净资产为 10.28 元，市净率就是当前股价除以每股净资产的值。

因为净资产的变化幅度远小于净利润，所以市净率这个指标相对更准确一些。

9.2.2 财务指标

1. 偿债能力

常见的偿债能力指标包括流动比率、速动比率、现金比率、资产负债率等。

流动比率是指企业流动资产与流动负债的比率，表明企业每一元流动负债有多少流动资产作为偿还的保证，反映企业可用在短期内转变为现金的流动资产偿还到期的流动负债的能力。该指标并不完善，在存货积压、应收账款账龄过长的情况下，该指标也可能表现良好，因此，除非用于破产清算，我们更多的是使用速动比率来判断短期偿债能力。万科 2016 年的流动比率是 1.24，远低于最佳水平 2，但在房地产企业中属于正常水平。

速动比率是指企业速动资产与流动负债的比率。所谓速动资产，是指流动资产减去变现能力较差且不稳定的存货、待摊费用、待处理流动资产损失等后的余额，包括货币资金、短期投资和应收账款等。由于剔除了存货等变现能力较弱的不稳定资产，因此，速动比率较之流动比率能够更加准确、可靠地评价企业资产的流动性及其偿还短期负债的能力。速动比率是对流动比率的补充。一般认为，速动比率为100%是最佳状态，小于100%的企业面临很大的偿债风险，大于100%的企业可能因为资金占用过多影响机会成本。房地产企业普遍高杠杆运营，万科的速动比率指标较差，2016年为0.44。

现金比率是指企业现金与流动负债的比率，反映企业的即可变现能力。万科2016年的现金比率为0.44。

资产负债率是指负债总额对全部资产总额之比，用来衡量企业利用债权人提供的资金进行经营活动的能力，反映债权人发放贷款的安全程度。这一比率是衡量企业长期偿债能力的指标之一。万科的资产负债率高达80.54%。

2. 盈利能力

盈利能力主要包括销售毛利率、销售净利率、盈余现金保障倍数、总资产报酬率、净资产收益率和资本收益率等。

其中销售毛利率和销售净利率是最核心的指标，在利润一节进行了全面的解读。万科2016年的销售毛利率为29.41%，销售净利率为11.79%。

3. 营运能力

营运能力主要包括存货周转率、应收账款周转率、营业周期、流动资产周转率和总资产周转率等。

其中最常用的指标是存货周转率和应收账款周转率。对于销售类的企业来讲，存货周转大数和存货周转率非常重要，在存货一节我们详细介绍了如何利用存货调节利润。万科2016年的存货周转天数为886天，存货周转率为0.41，这是房地产行业的特性决定的，从房屋建造到售出并确认收入的周期通常是3～4年。

应收账款周转率是一定期间内公司应收账款转为现金的平均次数。用时间表示的应收账款周转速度为应收账款周转天数，也称平均应收账款回收期或平均收现期。它表示公司从获得应收账款的权利到收回款项、变成现金所需要的时间。应收账款周转率越高，说明其收回越快。反之，说明营运资金过多呆滞在应收账款上，影响正常资金周转及偿债能力。万科2016年的应收账款周转率为 104.88，应收账款周转天数为 3.43 天，说明企业资金流动能力非常强。

指标本身放在一家企业上其实是没有意义的，指标没有绝对的优劣，需要参照同行业进行对比才有效果。而由于企业的经营发展是动态的，我们在运用指标的时候，也必须要结合企业的成长性来分析，需要多读一下年报的介绍性文字，比如了解一下已经签约的合同、正在建设的生产线、下一步的生产规划，等等。

9.3　杜邦分析法

实事求是地讲，有些从事财务报表工作数年的财务人员，也没有真正用过一次杜邦分析法。因为这是一个非财务视角的财报分析方法，关注的重点与传统的财务思维不同。发明这个分析法的杜邦公司员工恰好也不是财务人员，而是一名销售员。该方法分析的中心思想就是：计算企业用自己的钱赚取的利润率，也就是净资产收益率（ROE）。

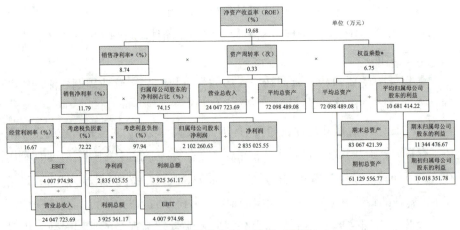

图 9.7　杜邦分析法图例：万科

净资产收益率是由销售净利率、资产周转率和权益乘数三个指标的乘积构成。仍以万科 2016 年的年报财务数据为例，净资产收益率为 19.68。这个 19.68 如何计算而来的呢？是销售净利率（8.74）、资产周转率（0.33）和权益乘数（6.75）的乘积。

我们逐一来看这三个核心指标。

9.3.1 销售净利率

此处的销售净利率是利润表中的销售净利率和归属母公司股东的净利润占比的乘积。也就是指归属于上市公司本身的净利率，这部分净利率代表了该公司的盈利能力。

1. 销售净利率

第二级的销售净利率是经营利润率与税负因素权重、利息负担权重的乘积，万科2016年的销售净利率为11.79。经营利润率是息税前利润（EBIT）除以营收的值；考虑税负因素的权重为净利润除以利润总额的值，由于净利润是利润总额减去所得税的值，因此这个因素考虑了所得税的影响；利息负担权重则是利润总额除以息税前利润（EBIT）的值。

2. 归属母公司股东的净利润占比

该指标为归属母公司股东的净利润除以净利润的值。

单纯从计算过程来看，该项指标与传统分析法的盈利能力指标相比变化不大，只是增加了和税、利息相关的几个比重和母公司股东利润的比重，但计算出来的数据更有意义。该计算方法与传统净利率的计算方式最大的区别在于：剔除了所得税和利息的影响，更能反映对生产成本的控制水平，最终反映出每取得1元钱的销售收入真正为公司带来的利润。

9.3.2 资产周转率

该指标由营业总收入除以平均总资产而来，该指标与传统分析法没有区别，体现了企业的资产管理的效率。万科2016年的资产周转率为0.33。

9.3.3 权益乘数

可以将该指标理解为一个杠杆系数，是期初期末总资产平均值除以期初期末平均所有者权益的值。

所有者权益等于总资产减去总负债,因此这个指标其实是平均资产负债率的变体,当平均负债占比越大,所有者权益越小,权益乘数就会越大,杠杆越大,说明企业借钱生钱的能力越强。万科 2016 年的权益乘数为 6.75。

9.3.4 杜邦分析法的优劣

Tips:经过三个指标的拆解,我们可以了解到杜邦分析法的本质是传统分析法的内核再乘以息税权重、母公司利润占比、母公司所有者权益占比等各种影响系数。究其本质,仍然是盈利能力、营运能力的体现。

万科 2016 年使用杜邦分析法的销售净利率为 8.74,而使用传统分析法的销售净利率为 11.79。这是因为万科使用了大量的长短期借款,银行利息较高,所以剔除息税影响前后净利率变化较大。从这个角度看,杜邦分析法的优点非常明显:在剖析企业真实盈利能力时更加合理。

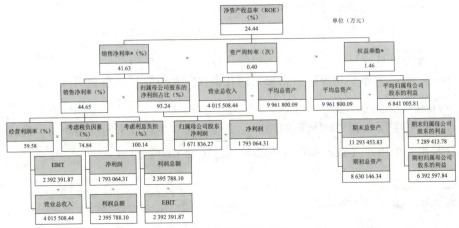

图 9.8　杜邦分析法:茅台

万科与 A 股价值之王贵州茅台相比,三大指标的不同就非常明显:二者销售净利率有着巨大差距,而万科的杠杆使用程度远远高于茅台。两家公司赚钱的特点形成鲜明对比,让投资者一目了然。

但是,杜邦法也存在着不容忽视的弱点,因此许多财务分析人员在内部分析时并不常用该方法。

1. 杜邦分析法所采用的指标很容易被"修饰"

经过层层分解，净资产收益率（ROE）最终由资产负债表的期末期初总资产、期末期初归属于母公司的股东权益，利润表的净利润、利润总额、息税前利润（EBIT）、营业总收入、归属母公司股东的净利润等几个指标计算而来。尽管杜邦法通过不同权重系数的相乘，稀释了不同盈利方式的影响程度，但是A股市场上对净利润的修饰五花八门，会导致杜邦分析法失效。上市公司报表人员有时候为了讨好投资者，会刻意使用一些"财技"，为了实现好看的杜邦法指标来倒推报表数据。

2. 杜邦分析法更适于进行短期分析

通过计算公式可以得知，净资产收益率采用的都只是一年的财务数据，而没有体现长期投资对于公司的长期盈利能力的促进作用；如果公司拥有的长期投资需要在一段较长时间内体现经济价值，那在短期而言，ROE的表现可能不尽人意。

3. 杜邦分析法缺乏现金流分析

由于在计算过程中并未纳入现金流的数据，杜邦分析法容易失真。在实际使用过程中，杜邦分析法应结合现金流量表使用。

9.4　EVA 分析法

自从开始看上市公司年报，我发现无论是机构还是散户都会采用各种方法进行基本面的分析，但极少有人会用EVA（经济增加值）分析法。

什么是EVA分析法呢？我们继续以小帅为例。

假设小帅有100 000元现金想要投资，他如果买股票、债券或者基金，能够获得10%的盈利。但是，他一直有一个开书店的梦想，于是投资了一家小书店。一年后，这家书店实现了500 000元的销售额和12 000元的税后利润，与投资股票、债券和基金的10%的盈利预期（100 000×10%=10 000元）相比，多实现了2000元的盈利，小帅非常满意。反之，如果小帅之前投资股票、债券和基金的预期盈利是15 000元，那么这家书店就会少实现3000元的盈利。

——这种分析方法就是EVA分析法。

EVA 是经济增加值模型（Economic Value Added）的简称。EVA 的本质是企业经营产生的"经济"利润。相对于人们重视的企业"会计"利润而言，EVA 理念认为，企业所占用的股东资本也是有成本的，所以在衡量企业业绩时，必须考虑到股本的成本。因此，一大批上市央企的财务报表人员开始熟练掌握 EVA 分析法。

Tips：在 EVA 的指标体系中，最核心的是"资本"利润，而不是通常的"会计"利润。EVA 从出资人角度出发，度量资本在一段时期内的净收益。只有净收益高于资本的社会平均收益，资本才能"增值"，因而符合价值管理的财务目标。而传统的会计利润所衡量的是企业一段时间内产出和消耗的差异，并不关注资本的投入规模、投入时间、投入成本和投资风险等重要因素。

9.4.1　EVA（经济增加值）的定义及计算公式

经济增加值是指企业税后净营业利润减去资本成本后的余额。

计算公式：

经济增加值 = 税后净营业利润 – 资本成本 = 税后净营业利润 – 调整后资本 × 平均资本成本率

税后净营业利润 = 净利润 +（利息支出 + 研究开发费用调整项 – 非经常性收益调整项 × 50%）×（1–25%）

调整后资本 = 平均所有者权益 + 平均负债合计 – 平均无息流动负债 – 平均在建工程

1. 利息支出是指企业财务报表中"财务费用"项下的"利息支出"。

2. 研究开发费用调整项是指企业财务报表中"管理费用"项下的"研究与开发费"和当期确认为无形资产的研究开发支出。对于为获取国家战略资源，勘探投入费用较大的企业，经国资委认定后，将其成本费用情况表中的"勘探费用"视同研究开发费用调整项，按照一定比例（原则上不超过50%）予以加回。

3. 非经常性收益调整项包括：

（1）变卖主业优质资产收益：减持具有实质控制权的所属上市公司股权取得的收益（不包括在二级市场增持后又减持取得的收益）；企业集团（不

含投资类企业集团）转让所属主业范围内且资产、收入或者利润占集团总体10%以上的非上市公司资产取得的收益。

（2）主业优质资产以外的非流动资产转让收益：企业集团（不含投资类企业集团）转让股权（产权）收益，资产（含土地）转让收益。

（3）其他非经常性收益：与主业发展无关的资产置换收益、与经常活动无关的补贴收入等。

4. 无息流动负债是指企业财务报表中的"应付票据""应付账款""预收款项""应交税费""应付利息""其他应付款"和"其他流动负债"；对于因承担国家任务等原因造成"专项应付款""特种储备基金"余额较大的，可视同无息流动负债扣除。

5. 在建工程是指企业财务报表中的符合主业规定的"在建工程"。

9.4.2　EVA（经济增加值）的意义

EVA考核体系为什么会成为国资委考核央企的"尚方宝剑"呢？因为EVA指标是站在投资人角度设计的，同样的钱，我拿去买理财都比投资你这个企业收益好，那这个企业就没有投资价值了。EVA体系认为投资者至少应获得其投资的机会成本，只有当会计利润大于资本成本，才有经济增加值。判断一个企业是否有投资价值的意义，在于这家企业是否能够创造价值，能否保证经济增加值的持续增长，这意味着企业价值的不断增加和所有者权益的持续增长。

大多数公司在不同的业务流程中往往使用各种很不一致的衡量指标：在进行战略规划时，收入增长或市场份额增加是最重要的；在评估个别产品或生产线时，毛利率则是主要标准；在评价各部门的业绩时，可能会根据总资产回报率或预算规定的利润水平；财务部门通常根据净现值分析资本投资，在评估并购业务时则又常常把对收入增长的预期贡献作为衡量指标；另外，生产和管理人员的奖金每年都要基于利润的预算水平进行重新评估。EVA考核体系结束了这种混乱状况，仅用一种财务衡量指标就联结了所有决策过程，并将公司各种经营活动归结为一个目的，即如何增加EVA。

EVA 指标改变了过去只有对外举债才需要支付利息而股东的投入无须付息的传统观点，指出股东的投入也是需要计算机会成本的，企业的盈利必须要超出其资本成本（包括股本成本和负债成本）才能为股东创造价值，才是值得投资的。

从这个角度看，EVA 指标也非常适合股票投资者使用，无论机构还是散户，实质上都是上市公司的股东，从某种意义上讲都是"国资委"，因此可以采用这一套考核体系来评估上市公司的投资价值。

9.4.3 EVA 指标的具体应用

EVA 指标的计算并不复杂，基本上都依赖于上市公司财报数据（如图 9.9 所示），其中权益资本成本率的数值可以参考国资委的规定：

中央企业资本成本率原则上定为 5.5%；承担国家政策性任务较重且资产通用性较差的企业，资本成本率定为 4.1%；资产负债率在 75% 以上的工业企业和 80% 以上的非工业企业，资本成本率上浮 0.5 个百分点。

图 9.9 EVA 指标计算表

第 10 章

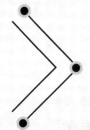

特殊行业的特殊分析

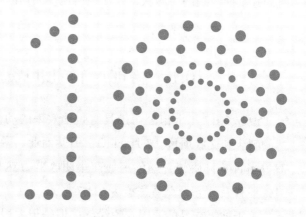

剔除金融行业后的A股平均资产负债率为59.87%，而房地产企业平均资产负债率接近80%，为什么房地产行业的资产负债率如此之高呢？

这要从房地产行业的特性说起，许多人都有过买房的经历，我们去买新房的时候，会发现开发商没有房子给你，卖给你的是"期房"，你去商场买个"期电视"试试？分分钟换下一家，但这种方式在房地产行业是行规，这时候开发商收到的售房款，体现在房地产公司的报表上其实都是负债。

10.1 房地产行业的资产负债率

说起2017年上市公司最具有轰动效果的动作，莫过于融创中国收购万达的酒店和文旅项目：7月11日，万达商业、融创中国发布的联合公告称，双方当日签订协议，融创房地产集团收购万达76个酒店和13个文旅项目91%股权及债务，交易总额达631.7亿元。

关于这笔交易的原因众说纷纭，但是很大程度上和万达需要降低资产负债率，然后回归A股有关。截至2017年一季度，万达商业地产资产负债率为70.61%，尤其是与资产负债率86.7%的融创中国相比，万达的资产负债率属于比较"温和"的了。

在所有行业中，房地产行业是最典型的负债经营，公司向银行借钱买地、盖楼，盖好以后抵押给银行再借钱买地、盖楼，不断地循环下去，除银行借款之外，还有客户的预付款也体现为负债。

这么看来，房地产企业的负债越多，就代表着拿地能力和售房能力越强，岂不是资产负债率越高越有益？从某种程度上来讲，这个观点是对的。不过有个上限，一般认为，房企资产负债率75%是一道安全线，超过这道线，就存在着风险了。

对于融创中国的老板孙宏斌来说，这个风险再清晰不过了。他曾经创立顺驰中国，而顺驰中国也是以超高杠杆买地闻名，最终在房地产限购的时候资金链断裂。

虽然房价一再创新高，但是由于宏观调控的原因，房地产行业存在着较大的不确定性。当房价因为政策下滑的时候，高杠杆的房地产企业就面临着资金链断裂的巨大风险。

10.1.1 融创中国的资产负债率和净负债率

2016年末，融创房地产集团资产总额为2670亿元，较2015年末增长了196%；2016年末负债总额则为2315亿元，较上年末增长了257%。资产负债率从2015年末的71.8%快速上升至86.7%。

对于房地产企业如此高的资产负债率，万达董事长王健林曾经解释过：房地产的负债与其他公司相比有所不同。房地产的预售，即房子的销售收入也算负债。只有等到房子竣工，拿到竣工证才能转化为收入。

然而有个更合理的指标可以剥离预收款的迷雾，对其真实资产负债情况进行分析，那就是净负债率。净负债率的计算方式为（有息负债 – 货币资金）/所有者权益，是衡量财务杠杆使用效率的指标，比率越低，说明公司偿债能力越强，资金压力越低。和常见的资产负债率不同，净负债率是在综合考虑企业的负债构成、自由现金流等指标的基础上评估财务结构的稳定性，也是国际上使用最广泛的财务指标之一。据2017年半年报，融创中国借款高达1800亿元，而账面仅有924亿元现金。而2016年年报数据显示，其长、短期负债分别为802亿元和326.44亿元，账面现金约698.13亿元，股东权益354.11亿元，净负债率达121.52%。而在2015年末，融创中国的净负债率则为75.9%。与之形成鲜明对比的是，香港著名的房地产公司恒基兆业的资产负债率仅为 27%，净负债率低至 19%。

无论是资产负债率还是净负债率，都足以说明融创中国的偿债压力是逐渐增大的。

10.1.2 房地产企业负债的构成

房地产企业启动楼盘时，往往需要大额的资金，靠自有资金是很难做到的，因此绝大多数的房企选择了通过各种融资手段来获取资金。

1. 预收账款

房地产行业有特殊性，一般情况下，企业是在交房后才确认收入，之前收到的客户购房款通过预收账款科目核算，视同负债。因此，如果房地产企业的负债较高，并且是以预收账款为主的话，并不是坏事，这些负债对于房地产企业而言，实际上是无息借款。

香港的会计制度与内地略有不同，没有预收账款项目，但是能从其他流动负债的附注里找到预收客户款。融创中国 2017 年半年报中，预收账款为 623 亿元。

2. 银行贷款

各种形式的借款中，银行贷款是最安全通常也是成本最低的，通过查阅银行贷款在借款中的比例，可以大致了解银行对该公司偿债能力的评估。根据 2017 年半年报显示，截至 6 月末，融创中国的银行借款合计为 677.48 亿元，较上年底的 414.69 亿元增加了 262.79 亿元，增幅为 63%。该公司银行借款占借贷款项总额的比例约为 37%，这个比例并不高，其余的超过 63% 的借款是什么形式呢？

3. 发债

融创中国 2016 年公司债跟踪评级报告中显示，融创中国于 2015 年发行了一笔 5 年期 60 亿元的公司债，扣除发行费用后的 47.3 亿元的一部分用于偿还金融机构借款，剩余部分用于补充公司营运资金。截至 2017 年 6 月底，仅其与控股子公司便对外发行了合计 250 亿元的债券；融创中国则成功发行了 225 亿元低成本境内公司债及 ABS（资产证券化）。

4. 信托

在融创中国的还款计划中，大业信托、华润深国投信托、平安信托在列。2017年，先后有荣享22号（融创团泊湖）信托、融创深圳债权投资信托、安泉109号融创申城信托、融创盈润股权投资计划先后成立发行，合计规模在30亿元左右，这些信托资金使用方，均为融创系公司。

除了预收账款是房地产公司实质上的预期收入外，其余的借款项目都是实打实的负债。融创中国半年的财务利息就达21亿元，甚至超过同期净利润，沦为银行等金融机构的"打工仔"。

面对外界的质疑，热衷高杠杆的孙宏斌也不得不在微博公开表态："朋友们不用过度担心融创。一是我们因现金流失败过，知道现金流的重要性，重视现金流，把公司安全放在首位；二是我们知进退，在放弃上没有人比我们更决绝，10月份以后不在公开市场买地，等待并购机会，比如放弃绿城、佳兆业、雨润；三是我们有战略，更有执行力，我和团队一直在一线，听得见炮声，敢拼刺刀。近期我们会停缓发展，加速去化，降低负债率，确保健康安全。我们坚信企业层面的去库存、去杠杆和金融业的稳定发展，经济将迎来理性繁荣。"

如果融创中国像孙宏斌所说的那样进行降杠杆操作的话，或许在下个年度的年报上，我们会看到资产负债率不那么高得离谱，投资者能吃一颗定心丸；反之，在房地产投资调控越来越严格的今天，融创中国重蹈顺驰地产的覆辙是非常有可能的。

10.1.3　去库存、降杠杆对房地产企业的影响

2016年的年报显示，融创中国全年共获得土地154幅，增加土地储备0.47亿平方米，均位于一线、环一线和核心城市。年报数据显示，新增的土地与项目中，有2/3是融创中国通过并购获得。根据年报披露的数据，公司总土地储备已经达到0.72亿平方米，权益土地储备则是0.49亿平方米。

从位置和质量来看，融创中国通过高杠杆拿到的地大部分是超值的。而且在并购过程中，许多被兼并的房地产公司的土地价值是被低估的。但融创中国频繁大手笔并购也存在一定的隐患，其中主要涉及的高杠杆收购的项目

其实是良莠不齐的。而且由于融创中国的收购资金是通过融资获得的，在收购过程中，一旦出现延缓、反复等意外情况，付出的融资成本是非常高的。

2017年起，随着供给侧改革进入攻坚环节，中国的房地产市场也进入了一个全新的阶段，融创中国能否在这个历史时期把握机遇，从容地蜕变成稳健的企业，仍须拭目以待。

10.1.4　其他高资产负债率的行业

然而，在A股市场上，房地产行业的资产负债率并不是最高的。排在第一位的是炼钢行业，甚至高于金融行业。国家提出的供给侧改革方案，首当其冲的就是该行业。在固定资产投资全面下降的时候，钢铁需求萎靡不振，大部分钢铁行业上市公司步履维艰，通过各种手段勉强维持经营，甚至很多炼钢企业不惜修改会计政策来实现盈利。

经过连年亏损，熬过寒冬的钢铁行业在2017年迎来了集体减亏甚至部分企业开始大幅盈利的时刻。尽管如此，过高的资产负债率仍然会提醒投资者要谨慎，要通过比对现金流来判断这类企业是否真正走出了低谷，而不是通过非经常性损益修饰过的净利润。

10.2　生物医药企业的毛利率

如果让你猜A股几千家公司中毛利率最高的行业，你会猜什么？房地产，石油化工，银行，还是保险？

实际上，这些平时被大多数人挂在嘴上的"垄断"行业，并不是最赚钱的（其中有些所谓垄断行业其实是不怎么赚钱的），根据2016年的年报数据统计，A股市场毛利率最高的行业是白酒和生物制药，二者的毛利率分别高达84%和80%。

作为公款消费时代最大的受益者之一，白酒行业曾经无限风光，经历过市场低谷的考验，转型后的白酒行业重新恢复了生机，白酒行业的龙头企业贵州茅台更是成为当今中国 A 股的股价之王。支撑整个白酒行业高股价的，正是超高的毛利。白酒的技术含量并不高，但是品牌护城河非常深，像茅台五粮液这种具有悠久历史的品牌，是不太可能在短期内用资本来复制或者撬动的，因此白酒的高毛利不难理解。

然而，毛利率高达 90% 以上的贵州茅台并非 A 股毛利率最高的企业，最高的是何方神圣呢？是我武生物，一家生物医药企业。在 A 股销售毛利率排名中，我武生物常年位居前三名，2010 年以来更是从未低于过 90%。

10.2.1　超高毛利的生物医药行业——令人咋舌的我武生物

如此超高的毛利，想必我武生物的产品线一定很丰富吧？事实却相反。据 2016 年的年报，该公司 98.66% 的销售收入来自同一款产品：粉尘螨滴剂。这款药品的毛利率超过 96%，那为什么它可以卖这么贵？因为我武生物的这款产品没有什么竞争对手，目前国内获得国家食品药品监督管理总局批准上市的尘螨类脱敏药物仅有 3 个，分别为"粉尘螨滴剂""屋尘螨变应原制剂""螨变应原注射液"。与其他两种都是需要注射的药物相比，我武生物的"粉尘螨滴剂"只需口服，具有安全性高、操作简便、便于携带等优势。从市场规模分析，自 2012 年起，"粉尘螨滴剂"在尘螨类脱敏药物市场占有率中一直排名第一，2016 年的市场份额高达 70%。

有超高的毛利、无可取代的市场地位，我武生物是不是就可以躺着数钱了呢？似乎不能，我武生物的毛利一方面来自强悍的研发能力，另一方面还依赖于国家对药物的保护政策：国家为了鼓励医药研发，对于新药设置了行政保护期、新药保护期、新药过渡期、新药监测期等保护性措施，在不同的时间段受到不同形式的保护。目前我武生物的粉尘螨滴剂已经过了监测期，政策保护时间已过，同类进口产品先后提出临床、上市申请，等它们完成全套流程成功进入中国市场，我武生物的高毛利将会受到严重威胁。

更让投资者心神不宁的是，随着市场占有率从上市之初的 60% 达到如今的 70%，我武生物的营收增速在不断下滑：由于市场太小，行业细分领域的天花板临近了。就算市场占有率达到 100%，营收的规模也被死死地限制住了。

为了维持营收规模和利润，我武生物不得不进行新药品的研发，如今该

公司斥巨资在黄花蒿粉滴剂领域进行深入的研发。这也是医药企业共同的特点：马不停蹄地研发新药，像赌徒一样不断地投入多个领域，生物制药企业的研发费往往是惊人的。

10.2.2 生物制药企业的无底洞——研发费用和销售费用

从1999年到2006年我武生物创办的七年时间里，这家创建之初年营收规模在二三千万元左右的企业，竟然拿出2亿元进行研发。2006年粉尘螨滴剂上市后，我武生物十多年来完全依赖这一款产品成就了一个暴利奇迹。

也许君实生物正在复制我武生物的模式，这家创立于2012年的企业，专注于单克隆抗体新药的研发。自2015年上市以来，它不断地受到投资者的青睐，但是该公司的研发费用表让人看得胆战心惊，2014年研发费用3000万元，2015年研发费用5000万元，2016年1.2亿元，2017年仅半年报上就9000万元……而同期的销售收入不过500万元左右。尽管如此，投资者仍对其充满期待，满心欢喜地等待另一个我武生物的成长。

可是，好了伤疤忘了疼是投资者最常见的现象。当年"关灯吃面"的重庆啤酒正是由于投资了生物制药，在炒作了13年的乙肝疫苗宣告失败后，陷入连续十个跌停，市值蒸发250亿元，而成为著名的黑天鹅事件。谁又能保证半年就能亏1.3亿元的君实生物的新药一定会研发成功呢？

生物制药的产业链条比较长，药物从立项到生产上市一般需要8～10年的时间，而君实生物PD-1抗体2015年12月才获批进入临床。根据该公司的财报情况，根本没有足够的现金流投入到后期的无底洞般的研发支出中。更为荒诞的是，亏得一塌糊涂的君实生物并没有专心把全部财力物力精力投入研发，竟然从募集到的资金中拿出6000万元去理财！

对于大部分有竞争对手的药品，如何占领市场呢？答案只有一个，就是靠钱砸。因此，成熟药企的销售费用尤其是市场营销费是非常惊人的。恒瑞医药2016年的营业收入为111亿元，营业成本为14.3亿元，而销售费用高达43.5亿元，销售费用比营业成本高出29亿元之多。此外，在公司年报中发现，该公司的销售费用主要分为市场费用、折旧及摊销、运输费、差旅费、股权激励费用和其他类项，市场费用是公司销售费用的大头，为39亿元。

Tips：在生物制药行业看似暴利的背后，却是与白酒行业截然不同的极高风险，对投资者提出了非常高的专业要求。这是一个高投资、高风险、高收益的长线行业，这个行业需要不断地推陈出新，不断地超越同行和自我，企业在发展过程中稍不留神，就有可能研发失败，或者遇到市场被同类产品抢走、销量断崖式下跌等情况，投资者就有可能血本无归。因此，没有相应的专业背景并且对正在研发的产品一无所知的投资者，应该尽量远离这样的投资对象。

10.3　高科技企业的研发费

改革开放以来，中国依赖相对低廉的人力成本和规模化的制造业优势，从袜子到运动鞋，从螺丝钉到手机，一个接一个地打入制造业领域，使中国一跃成为世界上第二大经济体，但这是用中国人民辛苦劳作的汗水换来的GDP，技术含量不高。虽然全世界的商场里都摆着"Made in China"的商品，但它们都挂着阿迪达斯、耐克、苹果等国际巨头的牌子，品牌溢价和超额利润都流入到国际巨头之手，中国人不过是全世界的打工仔。

为了改善这个状况，中国决策层及时提出了"中国创造"的概念。中国创造就是版权持有者是中国，由中国创新、发明；而中国制造的产品版权不属于中国，中国只是简单的生产和加工，所提供的是简单的劳动力而不是知识、智慧和脑力。

从中国创造提出以来，我们看到中国品牌不断地成长壮大，从最初的海尔、格力，到后起之秀华为、小米等。高铁、轮船等行业的大规模进军海外则标志着中国创造进入了收获期。

转型为"中国创造"就意味着要在研发领域加大投入，为了鼓励创新，国家出台了一系列的配套政策，2008年、2013年、2015年连续制定发布了研发费用的税收优惠措施。尤其是自2016年1月起执行的《关于完善研究开发费用税前加计扣除政策的通知》，放宽了研发加计扣除的范围，简化了核算管理要求，归并了资料报送程序。

在上市公司中,"潜伏"了大量进入高速增长期的高科技企业,高科技企业普遍具有新技术、新能源、新材料和新业态的特质,在这些企业的发展过程中,大力投入研发已经成为一种常态。

相比主板上市公司,创业板公司的整体研发费用比例每年高出约三到四个百分点,与类型相近的中小板上市公司相比,创业板公司也高出近两个百分点。

10.3.1 持续高投入进行研发的恒生电子

恒生电子是一家不太张扬、闷声发大财的金融软件公司,与同行业的科大讯飞等公司相比,我们很少在市场上见到它的软件,甚至都没听说过,因为恒生电子不直接面向终端用户。它在基金、证券、保险、信托资管领域核心市场占有率分别达到93%、80%、90%、75%,在证券账户系统、证券柜台系统、银行理财业务平台、信托核心业务平台、期货核心系统的市场占有率分别达到57%、43%、85%、41%、42%。

2014年,通过一系列复杂的股权结构变化,阿里巴巴成为恒生电子的实际控制方。之后恒生电子的研发费用一直高速增长,营收占比保持在40%左右,金额从6亿元、8.6亿元稳步增加到2016年年报的10.5亿元。

但是,三年来净利润的情况让人难以理解,如图10.1所示。

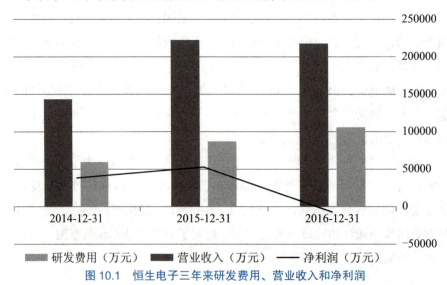

图10.1 恒生电子三年来研发费用、营业收入和净利润

在研发方面的高投入，理应带来利润的高增长，但是 2016 年恒生电子却亏损了 5000 多万元。我们乍一看会以为该公司遇到了经营低谷，但实际原因是它当年被证监会罚款 3.8 亿元。剔除被罚款的因素，恒生电子的增长性还是和研发费高度匹配的。

恒生电子 10 多亿元的研发费用都做了些什么呢？我们看一看年报：在公司技术专家俱乐部基础上，进一步引入行业高端专业人才，正式成立恒生研究院，负责 Fintech 前沿技术和创新应用的研究，在高性能计算、大数据、人工智能、金融工程、区块链等领域成立专家工作室，在公司研发中心及产品研发团队的配合下取得了初步成果。区块链课题，作为发起单位加入金融区块链合作联盟（金链盟），承担相关业务与技术标准课题，加入 linux 基金会 hyperledger 开源项目，成立 FTC Union 联盟链筹备处与相关银行选择同业业务领域进行区块链应用落地；在大数据机器学习、智能投顾方面，进一步扩大了由相关专业的博士、硕士及有量化投资实战经验的工程师组成的专职创新研究队伍，在利用深度学习技巧改进传统量化投资所用遗传算法上取得初步成果；高性能计算方面，在期权做市系统、期货微秒级极速交易系统上取得可产品化的成果。

Tips：根据会计准则规定，企业内部的研究开发项目（包括企业取得的已作为无形资产确认的正在进行中的研究开发项目），研究阶段的支出，应当于发生当期归集后计入损益（管理费用）；开发阶段的支出在符合特定条件时则可以确认为无形资产，即资本化。

恒生电子的财报显示，恒生电子 2016 年的无形资产仅有 2000 余万元，2017 年的半年报中增加到 1 亿多元，其中 8000 万元是购置的土地使用权。可见该公司基本未将研发投入资本化，这种运作方式对当期利润的影响比较大。与相当多的不断资本化的高科技企业相比，恒生电子可谓一股清流，从这个意义上讲，该公司是被低估的。

10.3.2　研发费用资本化的利弊

根据相关要求，一项研发活动只有到开发阶段后期，才能符合资本化条件。到符合资本化条件时，研发活动基本接近尾声，后续的支出很少。因此大多数高科技企业的研发支出资本化比例不会特别高，除了恒生电子这样不屑于资本化的清流外，董明珠的格力电器，每年研发支出超过40亿元，也是零资本化。

把研发支出转到无形资产有什么好处呢？最大的好处就是利润表好看了。无形资产至少要十年摊销完毕（类似固定资产的折旧），1亿元的研发支出，进入当期费用就是减少1亿元的利润；但是如果转入无形资产，在总资产增加1亿元的同时，利润没有发生减少。

比如乐视网连续三年来60%左右的研发费用资本化，这个比例是极其不正常的。因为贾总是会计出身，所以在这方面的操作游刃有余，当然，乐视网的今天也是有目共睹。

除此之外，还有一家龙头企业也维持过高比例的研发支出资本化情况，那就是科大讯飞。科大讯飞的年度营收额近年来飞速增长，从2014年与恒生电子营收持平，到2017年已经接近其两倍，如此飞速发展的背后，是每年接近营收30%左右的研发投入。2016年科大讯飞研发费达到7亿元，金额上与恒生电子非常接近。但是与恒生电子完全不同的是，科大讯飞当年的研发支出资本化金额为3.7亿元，占比55%。

让我们换个角度来对比：假设恒生电子2016年也将55%的研发费资本化，那么当期可以增加5.8亿元的利润，再假设没有列支近4亿元的罚款，抵扣掉所得税后，2016年恒生电子的净利润理论上可以达到8亿元左右，而科大讯飞2016年的净利润为5亿元。

把科大讯飞十年财报披露的净利润和无形资产情况放在一起对比（如图10.2所示），我们似乎发现了新大陆：二者的增幅高度正相关，研发费用资本化后的无形资产有意无意抬升了科大讯飞的净利润。

当然，这样的假设和对比会有很多不合理的因素。但研发费用资本化的利弊以及对业绩的影响能通过这种方式清晰显露，也让投资者能对上市公司的真实盈利情况有全新的认识。

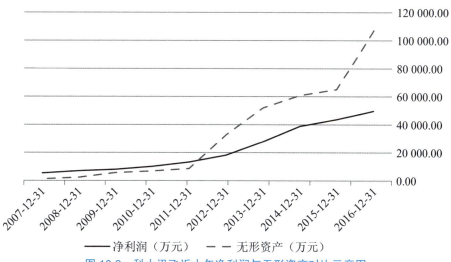

图 10.2 科大讯飞近十年净利润与无形资产对比示意图

附录

如何高效、快速地分析年报中的最核心的数据？

当然会有人说，简单啊，看F10啊。其实，财务人员做报表的时候，就经常为了F10里的数据好看，刻意去做一些修饰（我不讨论这种修饰的正确与否，只是让读者能跟着我去反推出这类修饰，从而看到真正的经营状况），所以不要被F10里的指标迷惑了双眼。

一份财报，通常洋洋洒洒几百页，没有任何会计基础的人，如何去看懂呢？其实报表人员在做报表的时候是有套路的。那么，反其道而行之，就能最大限度地还原真实情况了。

十分钟看年报

让我们随机选取一家上市公司（600602）年报为例，手把手实现十分钟抓住这家公司的核心数据，并评估其"地雷"情况。

1. 重要提示和简介（二分钟）

浏览一下该公司基本状况。

附录

2016 年年度报告
重要提示

一、本公司董事会、监事会及董事、监事、高级管理人员保证年度报告内容的真实、准确、完整，不存在虚假记载、误导性陈述或重大遗漏，并承担个别和连带的法律责任。

二、公司全体董事出席董事会会议。

三、立信会计师事务所（特殊普通合伙）为本公司出具了标准无保留意见的审计报告。

四、公司负责人黄金刚先生、主管会计工作负责人翁峻青先生及会计机构负责人（会计主管人员）肖敏女士声明：保证年度报告中财务报告的真实、准确、完整。

五、经董事会审议的报告期利润分配预案或公积金转增股本预案

公司 2016 年实现营业收入 409,384 万元，本年度合并会计报表实现归属于母公司所有者的净利润 23,772 万元。每股收益 0.179 元，加权平均的净资产收益率 6.967%。

合并会计报表年初归属于母公司所有者的未分配利润 20,502 万元。
本年度合并会计报表实现归属于母公司所有者的净利润 23,772 万元。
合并会计报表年末归属于母公司所有者的未分配利润 38,575 万元。
2016 年年末母公司未分配利润 9,985 万元。

公司拟以 2016 年年末总股本 1,326,835,136 股为基数，向全体股东每 10 股派发现金股利人民币 0.54 元（含税），共计人民币 71,649,097.34 元（含税）。

该预案已经公司九届三十次董事会会议审议通过，尚需提交公司股东大会审议通过。

六、前瞻性陈述的风险声明
√适用 □不适用

本年度报告涉及的发展战略、未来计划等前瞻性陈述，不构成公司对投资者的实质承诺，敬请投资者注意投资风险。

七、是否存在被控股股东及其关联方非经营性占用资金情况
否

八、是否存在违反规定决策程序对外提供担保的情况？
否

第三节　公司业务概要

一、报告期内公司所从事的主要业务、经营模式及行业情况说明

随着商业环境的发展变化，公司经营模式由原有的"建设-交付"模式逐渐向"建设-开发-运营"模式转变，公司的项目建设管理业务进行了延伸，在给公司带来一段时间稳定项目利润、资金回报的同时，也必然带来公司项目投入加大、回收期延长，项目占用资金和应收账款等也相应增加，同时也对公司项目运营管理能力提出了较高要求，为公司业务发展带来一定的转型。

智能产品"基础"板块：（1）显示产品领域以产品销售、配套安装、工程建设为主的盈利模式，智能产品销售由"线下"向"线下+线上"转变，正在往平台运营、软硬一体终端综合服务方式转型；（2）特殊电子产品领域为高进入门槛的涉密领域，主要延续原有模式。产品生产与整合要适应市场需求与发展趋势，对于新业务场景，如电子标牌领域，需要加强综合方案设计、实施、运营能力的提升。

云计算大数据"平台"板块：（1）IDC 数据中心业务领域：基础租赁业务、IDC 增值业务、云计算服务，均以出租计算、带宽、空间、服务资源收取租金方式盈利。未来继续在提升 IDC 规模当量、扩大物理场所、增加云计算大数据服务产品比重来提升盈利能力。（2）软件服务领域：主要以软件产品代理销售、软件系统部署定制化开发、软件产品技术培训、技术服务获取业务收入，在软件产品云化、电子政务、医疗健康、教育等领域正在进行运营分成的盈利模式探索。提升增值服务收入占比，加大基于新一代信息技术的行业解决方案研发与实施能力的建设，提升持续经营和业绩提升能力。

行业解决方案"应用"板块：主要经营模式为产品销售、工程实施、系统集成项目，现正由传统的"建设-交付"模式向"建设-开发-运营"模式转变。盈利模式主要为产品收入、工程收入、项目实施收入。考虑到在当前智慧城市建设产业阶段，完全以"建设-开发-运营"模式在国内市场当量处于初步形成阶段，所以在今后一段时间内还需以工程项目、产品销售模式为主，并逐步实施"建设-开发-运营"商业模式。公司将进一步加强产品研发、建设模式转型、技术升级、商业模式创新等领域的能力，积极布局引入领先资源，循序渐进实现商业与经营模式转型，提升持续的业绩稳定和提升。

当前，全球正面临"后金融危机"时代产业链重组，全球经济治理走向深度变革。中国经济正面临发展新常态与供给侧结构性改革，国家治理面临着统筹网上网下两个空间的重大挑战，政府转型面临着"互联网+政务服务"的历史机遇，智慧城市作为网络空间与现实空间的联接点与"互联网+"时代信息惠民的重要内容，国务院关于加快推进"互联网+政务服务"工作的指导意见指出，创新应用互联网、物联网、云计算和大数据等技术，加强统筹，注重实效，分级分类推进新型智慧城市建设，打造透明高效的服务型政府。

一定要看一下年报里该公司自己提到的主营业务以及面临的机遇和风险，通常情况下，机遇是噱头，风险却是实打实的，很可能已经发生或者小范围准备发生而没有告诉你。该公司在年报里说半天核心竞争力，却没有几个拿得出手的案例，因此我们要留个心眼，更详细的资料可以到年报附注里看。

2. 主要经营情况（三分钟）

在这一部分里，通常会有最近几年的经营情况对比，这里的变动值及年报中提出的原因解释最有意义。通过变动原因的解释，我们明白该公司产生了收购。变动原因看现金流量的即可，后面的不用看。

利润表及现金流量表相关科目变动分析表

单位:元 币种:人民币

科目	本期数	上年同期数	变动比例(%)
营业收入	4,093,837,224.22	3,042,789,333.29	34.54
营业成本	3,164,033,590.82	2,442,208,065.55	29.56
销售费用	129,219,934.76	128,601,025.70	0.48
管理费用	502,448,925.86	404,344,623.23	24.26
财务费用	-15,459,898.50	-26,146,869.36	不适用
经营活动产生的现金流量净额	87,102,586.81	-32,701,429.81	不适用
投资活动产生的现金流量净额	-672,623,121.90	187,741,606.88	-458.27
筹资活动产生的现金流量净额	-82,914,390.60	-23,558,504.61	不适用
研发支出	258,206,098.28	200,805,986.64	28.58
税金及附加	23,052,477.03	13,390,454.98	72.16
资产减值损失	49,830,542.53	12,801,226.07	289.26
投资收益	68,317,005.96	139,426,427.02	-51.00
营业外收入	60,467,700.77	46,584,825.90	29.80
营业外支出	412,898.40	1,067,473.63	-61.32
所得税费用	60,318,579.20	33,557,266.01	79.75

变动说明:

(1) 营业收入:主要系公司本年度业务增长及合并报表范围增加所致。
(2) 营业成本:主要系公司本年度业务增长及合并报表范围增加所致。
(3) 财务费用:主要系本年度利息收入减少所致。
(4) 经营活动产生的现金流量净额:主要系公司本年度经营性现金回笼增加所致。
(5) 投资活动产生的现金流量净额:主要系公司本年度理财产品未到期及对外股权投资增加所致。
(6) 筹资活动产生的现金流量净额:主要系公司本年度分配股利所致。
(7) 营业税金及附加:主要系公司本年度业务增长及合并报表范围增加所致。
(8) 资产减值损失:主要系公司本年度坏账准备及存货跌价准备计提增加所致。
(9) 投资收益:主要系公司上年度收到三星广电股权处置清算收益所致。
(10) 营业外收入:主要系公司本年度政府补贴收入增加所致。
(11) 营业外支出:主要系公司本年度处置非流动资产损失减少所致。
(12) 所得税费用:主要系公司本年利润增长所致。

收入成本分析部分,我们要仔细看下,尤其是分产品、分业务线的营收占比,可以轻松地知道他家到底是干什么的。比如这家企业主要营收来自软件、智能化和智慧民生,并且从毛利率看也大体能知道各业务的盈利情况。

主营业务分产品情况

分产品	营业收入	营业成本	毛利率(%)	营业收入比上年增减(%)	营业成本比上年增减(%)	毛利率比上年增减(%)
(1) IDC业务	203,346,629.51	136,886,705.73	32.68	10.97	7.11	增加2.43个百分点
(2) 软件业务	893,391,448.74	786,346,050.68	11.98	21.56	22.23	减少0.48个百分点
(3) 智能化业务	882,140,052.61	687,723,663.79	22.04	38.51	39.01	减少0.28个百分点
(4) 智慧民生业务	853,190,602.70	737,220,210.17	13.59	43.85	45.05	减少0.71个百分点
(5) 智能检测业务	271,617,299.10	175,534,842.77	35.37	18.21	19.65	减少3.12个百分点
(6) 新型显示业务	350,790,878.43	334,466,149.11	4.65	-22.40	-21.17	减少1.48个百分点
(7) 特殊电子业务	241,963,559.83	148,109,877.51	38.79	18.21	28.54	减少4.92个百分点
(8) 物业租赁服务	18,182,937.27	15,367,230.38	15.49	-37.10	-6.19	减少27.85个百分点

可能遇到的风险这一节,我们是应该仔细看的,一分钟。

(四)可能面对的风险

√适用 □不适用

1、政策风险

国家出台了一系列支持智慧城市产业发展的政策,鼓励相关企业的发展,但未来如果政策环境变化或上市公司和本次交易标的公司未能根据行业监管部门发布的最新政策及时调整经营思路,不排除因行业政策调整导致行业需求下降的风险。

2、商誉减值风险

根据《企业会计准则》,因前次重大资产重组,在上市公司合并资产负债表中形成了较大金额的商誉。根据《企业会计准则》规定,商誉不作摊销处理,需在每年年度终了进行减值测试。若未来行业产生波动、标的公司产品和服务市场口碑有所下降或者其他因素导致标的公司未来经营中不能较好地实现收益,那么重大资产重组所形成的商誉将会存在减值风险,从而对公司经营业绩产生不利影响。

3、技术风险

公司下属企业大多是国内智慧城市产业各细分子行业中具备竞争优势与市场地位的优秀厂商,标的公司的竞争地位的确立以及竞争优势的体现主要依赖于其长期技术投入所建立的技术优势。若标的公司未来在技术更新、新产品研发等方面不能与行业需求保持相应的发展速度,或出现标的公司核心技术人员离职以及标的公司核心技术泄密等情况,会削弱标的公司的技术优势,对标的公司的生产经营造成不利影响。

4、标的公司业绩承诺无法实现的风险

前次重组交易对方已就标的资产作出业绩承诺,交易对方及标的公司管理层将勤勉经营,尽最大努力确保上述盈利承诺实现。但是,业绩承诺期内经济环境和产业政策及意外事件等诸多因素的变化可能给标的公司的经营管理造成不利影响。如果标的公司经营情况未达期,可能导致业绩承诺无法实现,进而影响公司的整体经营业绩和盈利水平,提请投资者关注标的资产承诺业绩无法实现的风险。

5、利润补偿风险

根据公司分别与前次重组发行股份购买资产交易对方签署的《利润补偿协议》及补充协议,明确约定了重组交易对方在利润承诺期内未能实现承诺业绩时的补偿方案。在利润承诺期内触发利润补偿条款时,发行股份购买资产交易对方将以股份方式对上市公司进行补偿,能够在一定程度上确保发行股份购买资产交易对方具备履行利润补偿的能力。尽管公司已与发行股份购买资产交易对方签订了明确的补偿协议,但若发行股份购买资产交易对方无法履行利润补偿承诺,则存在利润补偿承诺实施的违约风险。

在此可以发现政策风险是第一大风险,平时观察消息的时候我们就要留意相关行业的政策变化了。

其他重要事项,走马观花过一遍。我们在"委托他人进行现金资产管理的情况"一栏发现了理财情况,由此可见,这家公司现金流状况比较好,初步判断基本面比较不错。现在效益好的公司通常会选择购买理财产品作为保值增值的手段,效益不好的就顾不上了,忙着拆了东墙补西墙。所以当我们看到一家公司的年报上有金额不菲的理财时,一般基本面不会太差。

（三）委托他人进行现金资产管理的情况
1、委托理财情况
√适用 □不适用

单位：元 币种：人民币

受托人	委托理财产品类型	委托理财金额	委托理财起始日期	委托理财终止日期	报酬确定方式	实际收回本金金额	实际获得收益	是否经过法定程序	计提减值准备金额	是否关联交易	是否涉诉	关联关系
中国光大银行上海漕河泾支行	银行产品理财	136,000,000.00	2016-1-14	2017-1-13	现金	0.00	0.00	是	0	否	否	
广发银行上海漕河泾支行	银行产品理财	300,000,000.00	2016-1-14	2017-1-4	现金	0.00	0.00	是	0	否	否	
广发银行上海漕河泾支行	银行产品理财	200,000,000.00	2016-2-4	2017-2-6	现金	0.00	0.00	是	0	否	否	
厦门国际银行徐汇支行	银行产品理财	500,000,000.00	2016-6-8	2017-12-15	现金	0.00	0.00	是	0	否	否	
厦门国际银行徐汇支行	银行产品理财	100,000,000.00	2016-2-4	2017-2-4	现金	0.00	0.00	是	0	否	否	
厦门国际银行徐汇支行	银行产品理财	500,000,000.00	2016-1-14	2016-6-6	现金	500,000,000.00	760,000.00	是	0	否	否	
合计		1,736,000,000.00	/	/		500,000,000.00	760,000.00	/	0	/	/	/
逾期未收回的本金和收益累计金额（元）							0					
委托理财的情况说明												

继续往下看，看到实际控制人的拓扑图。

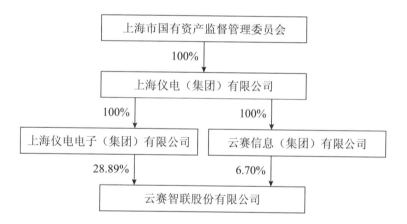

（二）实际控制人情况
1、法人
√适用 □不适用

名称	上海市国有资产监督管理委员会
成立日期	2003年8月1日

看到这里可以知道该公司的实际后台原来是上海国资委的企业，就不用担心莫名的垮台风险。有人喜欢看股东情况，我一般不看，如果你有兴趣，

可以额外拿出一分钟过一遍股东，看看有没有知道的人。

我通常直接跳到财务报告部分了。

3. 财务报告（五分钟）

财务报告一般我们只需要看合并口径即可，母公司口径无须搭理。

资产负债表，一分钟。

关注以下指标：

货币资金、应收账款（预付账款、其他应收款）、在建工程、存货（库存商品）。

F10里会有货币资金在流动资产的占比，这里有个便捷方法，看货币资金和应收账款的简单比例，通常货币资金比例越高越好，但某些行业应收账款额外多，这种行业我们就要关注一下坏账准备。应收账款和货币资金差不多甚至更多的时候，我们基本可以认定该公司现金流比较差，而且存在着坏账风险。一般情况下，除非有特别理由，坏账准备不应低于应收账款总额的十分之一（不绝对，满足该数量级即可）。再对比一下净利润，如果应收账款的十分之一远比利润高，而且该公司有做大业绩的主观意愿（比如连续两年业绩不好，或者刚刚盈利），几乎可以肯定坏账准备少提了。通过附表可以看到，应收账款是坏账准备的二十几倍，又考虑到新增合并公司，勉强说得过去。

单位：元　币种：人民币

账龄	期末余额		
	应收账款	坏账准备	计提比例(%)
1年以内			
其中：1年以内分项			
1年以内	778,823,824.29		
1年以内小计	778,823,824.29		
1至2年	77,555,092.91	23,266,527.89	30.00
2至3年	11,098,967.28	5,549,483.66	50.00
3年以上	3,769,762.88	3,769,762.88	100.00
3至4年			
4至5年			
5年以上			
合计	871,247,647.36	32,585,774.43	

在建工程里鱼龙混杂，如果这家公司的在建工程金额巨大，则存在为了保证利润未转资的事项，如果该公司在建工程很少，则不存在这种情况。

零售企业的存货（库存商品）是需要单独看的，最好是能大体了解平均单价。如果存货远远高于利润甚至收入，那他家的利润太容易通过存货成本来调节了。该公司不存在这种情况。

利润表，一分钟。

主要关注点：

主营业务收入、主营业务成本、管理费用、投资收益、其他业务收入、利润总额、净利润。

从收入和成本比较容易得出这家公司的毛利率情况，以及主营业务是否真的盈利。我们经常看到一些公司的利润是正的，但收入减成本却是负的，这都存在着通过其他项目调整的可能。

一般行业，管理费用通常不应该大于收入的十分之一（数量级，差别不是非常巨大即可，该公司大约八分之一）。如果远远超出，这家公司的管理模式肯定是存在问题的。

对于关联公司众多的企业来说，投资收益额外需要被留意。某ST摘帽公司通过对关联公司的投资收益实现了盈利，而营收并未得到实质性改善，这种公司就是埋了雷，等你去踩。该公司投资收益金额不大，比较正常。

净利润的数量级要和应收账款、坏账准备、在建工程和存货对比一下，如果净利润少得多，则需要额外留意一下。

现金流量表，一分钟。

关注经营性现金流入与主营业务收入的金额对比，如果现金流入少很多，说明赊销太多，有坏账风险。

关注经营性现金流量净额。该公司现金流量情况还可以，否则不会有闲钱去理财。

附表，二分钟。

上文提到的几个关注点，读者如果存疑的话，则到附表里寻找明细。其中坏账准备一定要看，金额过大的一定要核对一下利润。

好了，看看你的手表，是不是十分钟过去了？

经过十分钟的简单的分析，这家公司基本是不存在"地雷"的（真的出现概不负责哟），但是也能看出其业务并没有特别明显的行业优势。我们是不是可以给一个 B+ 的评分呢？